温卫宁◎主编

导游员心理保健指导手册

旅游教育出版社

编委会

前言
PREFACE

随着时代的发展和社会的进步，“心理因素是影响当代人生活、学习与工作质量的一个关键因素”已经成为人们的共识。

如今，旅游业已经成为全球经济中发展势头最强劲和规模最大的产业之一。在我国，已经明确了“旅游业是国民经济的战略性支柱产业”的地位。导游是旅游服务的重要环节，导游人员是旅游接待工作的主体，是整个旅游服务的轴心。在游客心目中，导游是一个国家（或地区）的代表、是人民的友好使者。大多数导游都以其广博的知识、精湛的导游技巧、热情的服务为游客提供了良好的旅游享受，是当之无愧的“民间大使”。从某种意义上说，导游员是一个城市或国家的名片，因此，他们的工作质量和职业形象关系着一个城市或国家旅游业的健康发展。

长期以来旅行社业内的恶性竞争，使得以“回扣”为主体的导游薪酬制度和相应的雇佣方式从20世纪80年代就逐渐形成并在行业内部获得了默认，导游人员大部分实际上都成了“无基本工资、无基本福利、无明确劳动报酬”的“三无人员”，在严峻的生存压力和导游工作的特殊性的压迫下，一些导游员产生了心理健康方面的问题尚不自知，不但影响到导游服务工作的质量和导游队伍的整体形象，还对导游员的个人和家庭生活造成消极的影响。

本着帮助导游员了解心理保健的基本知识、掌握心理保健的基本方法的目的，我们编写了这本《导游员心理保健指导手册》。本书紧密联系我国导游职场的实际，广泛收集了导游员工作、生活的案例和相关资料，吸纳了心理健康领域理论与技术的新进展，结合心理学的实用技能训练，把抽象的知识演变成生动活泼的操作，使读者在活动情境中体验、领悟训练中所蕴涵的深刻道理，促进其心理保健意识和能力水平的提高。

本书以心理保健意识提升、技能培养、心理训练为主要目的，编写的总体思路以心理学的基础理论为基石，以导游员在工作、生活中的心理活动和心理需求为主体，安排了心理及心理健康基础知识、导游员的生存现状分析、导游员的自我意识与重塑、导游员的生涯发展与自我调适、导游员的需要与动机及其调适、导游员的角色与压力、导游员的情绪及其调节、导游员的人际关系与沟通、导游员感情生活和婚姻与家庭生活的调适、与心理因素有关的病症与预防、心理障碍及异常行为与防范等内容，并把心理自测、心理训练、案例教学融入其中，形成一个有机的整体，具有较强的实用性和指导性。

在编写体例上，每章设有“培训重点”、“理论知识”、“心理游戏”、“本章小结”、“思考题”、“心理自测”等内容。“培训重点”明确本章要达到的知识目标和能力目标。“理论知识”在阐述基本概念、原理和方法中穿插了对富有启迪的小故事和案例的探讨，使读者能够最优化地掌握相关的理论知识。“心理游戏”注重参与，特别强调学习者的体验和感悟，深化认识，并学习新的行为。“思考题”有助于学习者对学习内容做进一步的思考与消化。“心理自测”则帮助学习者了解自己的心理健康状况。全书的体系明晰，重点突出，心理训练操作性强，在内容和形式上更符合学习与成长的基本规律。

本书由温卫宁副教授担任主编，拟定编写提纲，负责全书统稿、初审和修改，并编写了第一、三、四、十一和十二章；副主编黄进副教授负责提纲的修订和编务的外联协调，并编写了第二、十章；吴尔娜教授编写了第五、七章，龙艳老师编写了第六、八、九章。

在编写的过程中，我们博采众长，参考吸收了有关专著、教材和相关网络资源的成果，涉及的文献书后虽有列示但难免遗漏，在此，谨特向书中所引用借鉴的专著、教材和网络信息资料的作者表示由衷的感谢，感谢他们的研究成果为本书的编写提供了良好的参考。

同时，也特别感谢旅游教育出版社的编辑为本书所作出的精心指导，感谢几位编审为本书的细心审读、修改所付出的辛勤劳动。

本书的编写与出版，还得到了广西旅游局的大力支持，在此一并表示感谢。

由于我们水平有限，加之时间仓促，收集的新资料来源不足，书中难免存在不足之处，敬请专家、读者不吝赐教，多提宝贵意见，以便今后再版时修改完善。

编者

2012年5月

目 录

CONTENTS

第一章 绪 论

培训重点

- 了解人类心理现象的结构与关系
- 掌握心理健康的概念和标准
- 了解导游员心理保健的重要性
- 了解导游员心理保健的基本理论
- 掌握导游员心理保健的途径与基本方法

第一节 心理、心理健康概述

一、心理的概念

心理是感觉、知觉、记忆、思维、情感、意志、兴趣、性格、意识倾向等心理现象的总称。心理现象是现代心理学的研究对象。心理现象不仅人有，动物也有，人的心理是动物心理发展到最高阶段的产物，是在人的社会实践中形成的。尽管心理现象不像化学、物理等现象那样具有形体性，可以直接观察，但通过对行为的观察与分析，就可以客观地认识它。下面分几个角度对与心理相关的核心概念进行探讨，以便于加深对“心理”这一概念的理解。

(一)个体心理

心理现象是心理活动的表现形式。心理活动是诸多心理现象有机联系、系统活动的内容与过程。心理现象是人与客观现实相互作用时，在人脑中产生的感知、记忆、想象、思维、情感、意志等心理过程，以及在这些心理过程中形成和表现出来的动机、兴趣、信念、态度、性格、气质、能力等个性心理倾向与个性心理特征。

心理学家一般把心理现象分为心理过程与个性心理两个有机统一的方面,认为心理过程是心理现象的动态表现形式,个性心理是在心理过程中表现出来的具有个人特点的、稳定的心理倾向与心理特征,是心理现象的静态表现形式。20世纪60年代,苏联心理学家列维托夫则把人的心理现象分为心理过程、心理状态、个性心理三个方面。他认为,心理过程是暂时性的,个性的心理倾向与心理特征是比较稳定的,而心理状态则是处于二者之间的表现形式,既有暂时性,又有稳定性,是心理过程与个性统一的表现形式。

人是作为个体而存在的。个人所具有的心理现象称个体心理。它是一个异常复杂的系统。概括起来,个体心理可以分成以下几个方面。

1. 心理过程

心理过程即心理活动的过程,是人对客观现实动态反映中心理活动所表现的阶段性、层次性、连续住、系统性发展变化的经历。根据心理过程的性质与特征,心理学家把心理过程分为认识过程、情感过程、意志过程三个既有联系又相互区别的方面。

认识过程(认知过程)　传统心理学认为,认识过程是人脑通过感知觉、记忆、思维等形式反映客观事物的特性、联系或关系的心理过程,现代认知心理学则以信息加工的观点来解释认识过程,认为认识过程就是信息的接受、编码、储存、提取和使用的过程。二者尽管表述各异,其实质是大致相同的。认识过程包括感性认识与理性认识两个阶段。

感性认识是认识过程的初级阶段,由感觉和知觉组成。感觉是对事物个别属性的认识;知觉是在感觉的基础上,对事物的多种属性进行综合而形成的整体认识。

理性认识是认识过程的高级阶段。它是在实践的基础上,把感性认识阶段所获得的丰富的感觉材料,经过分析、比较、判断、推理,进而形成的对客观事物的本质与规律性的认识。

情感过程　人们在认识客观事物时,不仅了解事物的属性、本质,而且还要产生对事物的态度,引发喜爱、厌恶、憎恨、满意、不满意等主观体验,这就是情绪与情感。情感虽然同情绪一样都是人对客观事物的态度体验,但它却是在情绪的基础上形成的,是和人的社会性需要相关联的一种较为复杂而又稳定的态度体验。人在与客观事物相互作用时,产生、发展和消失这种主观心理体验的过程,就是情感过程。

意志过程 人不仅能认识世界,对事物产生肯定或否定的情感,而且能在自己的活动中有目的、有计划地采取行动,以改造客观世界。人的这种自觉地确定目的,并根据目的调节支配自身的行为,克服困难,去实现预定目标的心理过程,就是意志过程。意志是人的意识能动性的集中表现,是人类特有的心理现象,它在人主动地变革现实中表现出对行为的发动、坚持、制止、改变等控制调节作用。意志过程包括两个阶段:一是制订行动计划;二是执行决策,克服困难,实现目标。

认识、情感与意志的有机统一、相互作用主要表现为,认识产生和强化情感,情感激励或消退意志;意志又调节控制情感,情感推动或影响认识。

2. 心理状态

列维托夫认为,心理状态是心理过程与个性心理特征的统一表现,心理过程都是在一定的心理状态的背景中进行的,都表现为一定的心理状态。心理状态一般可分为四类:

觉醒状态,表现为心情舒畅、情绪开朗、思维敏捷,行动自如等。

振奋状态,表现为精神振奋、情绪高涨、思想活跃、行动轻快等。

消沉状态,表现为心情沉闷、情绪低落、反应迟钝,行为呆滞等。

应激状态,是人在意想不到的外来刺激下,心理适应的能力和状态。如有的人急中生智,随机应变;有的人则方寸大乱、手足无措等。

因此, 个人在特定时刻的心理状态,是当前事物引起的心埋过程、过去形成的个性特征和以前的心理状态相结合的综合表现。

3. 个性心理

心理过程与心理状态是人的心理的共性表现,是从大量的、现实的、色彩纷呈的众多个体心理活动中抽象出来的。古人说:“人心不同,各如其面”,就是指由于个体生活环境、智力水平、文化素养、社会实践各异,所表现出的个性心理各不相同。我们把那些表现在个体身上经常的、稳定的、本质的心理品质叫做个性。个性心理包括个性心理倾向、个性心理特征和自我意识系统三个方面。

个性心理倾向是个体对现实的情感、态度、意识趋向和行为方式选择的心理表现,包括需要、兴趣、动机、信念等内容。

个性心理特征是个体在行为方式上经常而又稳定地表现出来的能力、性格和气质特点。

自我意识系统是个体在自我认知、自我体验、自我评价的基础上,对自己的思维、情感、态度、意志等心理活动与行为方式的自我调节与控制。自我调控水平的高低与一个人的个性修养与锻炼密切相关。

综上所述,人的心理现象结构如图 1－1 所示。

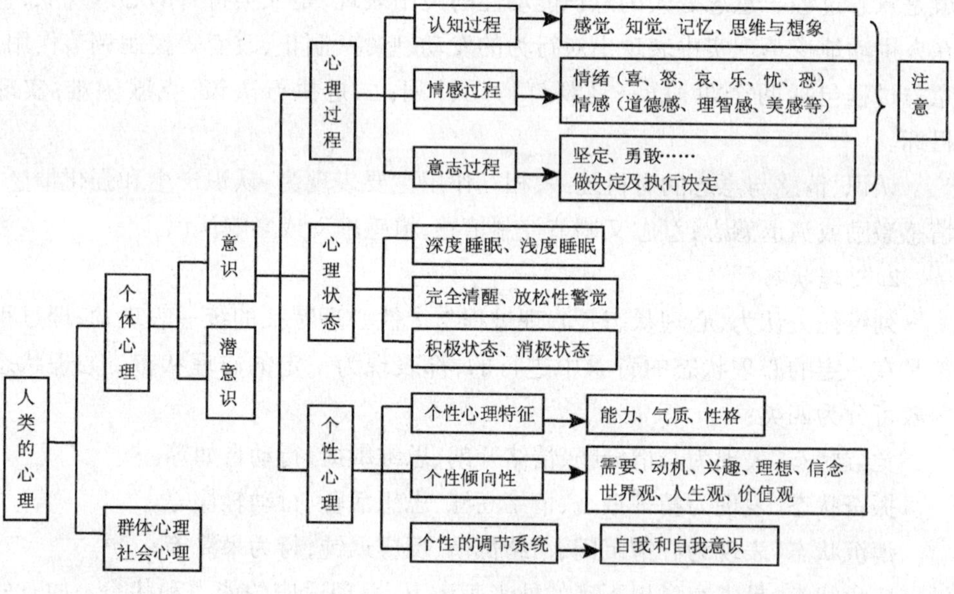

图 1－1　人的心理现象结构

(二)个体心理现象与行为

行为指有机体的反应系统。它由一系列反应动作和活动构成,例如吃饭、穿衣、散步、劳动、娱乐,都是人类各种不同的行为。有的行为很简单,只包含个别或少数几种反应成分,如光线刺激眼睛引起眼睑关闭,食物刺激口腔引起唾液分泌,肠胃因饥饿而加快蠕动等。有的行为则很复杂,包含了较复杂的反应成分,如写字、体操、驾驶飞机等,这些行为由一系列反应动作所组成,成为各种特定的反应系统。

行为总是在一定的情况下产生的。引起行为的内、外因素叫做刺激。光线是使眼睑关闭的刺激,饥饿是使胃肠蠕动加快的刺激。在人类行为中,语言刺激具有重要的意义。通过语言发布命令,可支配别人的行为,也可进行自我调节,使行为服从预定的目的。

行为不同于心理,但又和心理有着密切的联系。引起行为的刺激常常通过心理的中介而起作用。没有对光线、声音、气味的感知觉,就不会有对光线、声音、气味的反应。人的行为的复杂性是由心理活动的复杂性引起的。同一刺激可能引起不同的反应,不同刺激也可能引起相同的反应,其原因就在于人有丰富的主观世界。主观世界的情况不同,对同一刺激的反应总是不一样的。俗话说,"饿时吃糠甜如蜜,饱时喝蜜蜜不甜",有机体的内部状态不一样,对同一事物的反应也可能极不一致。

心理支配行为,又通过行为表现出来。一个人的视觉和听觉能力,是通过他对光线和声音的反应表现出来的;一个人的记忆,是通过他运用知识的活动表现出来的;一个人的情绪和情感,是通过面部和姿势表情表现出来的。心理现象是一种主观精神现象,它看不见,摸不着,没有重量、大小和体积,而行为却具有显露在外的特点,它可以用客观的方法进行测量。例如,我们可以用摄像机拍摄体操队员的精彩表演,用计时器记录工人的动作反应时间等,由于行为表现了人们的心理活动,因此,我们可以通过观察和分析行为来客观地研究人们的心理活动。仅仅在这个意义上,心理学有时也可以叫做研究行为的科学,即通过对行为的客观记录、分析和测量来揭示人的心理现象的规律性。

(三)个体意识与无意识

人和动物都有心理,但人的心理不同于动物的心理,它具有意识的特点。

人的意识主要表现为用语言的形式巩固在头脑中的知识体系。这种知识体系与各种情绪、情感结合在一起,构成人们丰富而稳定的主观世界,成为人们能动地认识世界和改造世界的内部资源。这是人的意识的第一个特点。由于人有意识,因而人类就和单纯适应自然界的动物有了本质的区别。人们凭借对事物的本质和规律的认识,不仅能够了解客观事物的现状,而且能够通晓过去和预见未来,这是任何动物的心理所不能及的。

人的活动具有明确的目的。能够预先计划达到目的的方法和手段,是人类意识的另一特征。换句话说,人的意识表现为人能够计划自己的行动,在实现目的的过程中,能坚持预定的方向,分析出现的新情况、新问题,克服遇到的各种困难。正如马克思指出的:"他不但使自然物发生形式变化,同时他还在自然物中实现自己的目的。这个目的是他所知道的,是作为规律规定着他的活动的方式和方法的,他必须使他的意志服从于这个目的。"(《资本论》第1卷,人民出版社1963年版,第172页)

人的意识还表现在人能够把“自我”与“非我”、“主体”和“客体”区别开来。也就是说，人具有自我意识。人不仅能认识事物，而且能自觉地了解哪些事物已经认识，哪些事物尚未被认识，能够揭露和掌握认识过程的规律。人不仅有喜怒哀乐等情绪，而且知道为什么喜或怒，知道怎样寻求欢乐而避免忧愁与烦恼。正是这种自我意识，使人们能够对自己的所作所为进行自我分析、自我评价、自我调节和控制。动物没有自我意识，幼小婴儿的自我意识也没有发展起来，因而都没有自我分析与自我评价的能力。自我意识是人的心理的重要特点，是个体在一定发展阶段上才出现的，对个体的发展有着重要的意义。

但是，人的心理除有意识外，还有无意识现象。这是人们在正常情况下觉察不到的，也不能自觉调节和控制的心理现象。人在梦境中产生的心理现象，完全是在无意识的情况下出现的。人们不能预先计划梦境的内容，也无法支配梦境的进程，在多数情况下，人们也难以回忆梦境的内容。人在清醒的时候，有些心理现象也是无意识的。例如，我们能够意识到自己看见和听见了什么，但对视觉和听觉的过程却意识不到。外界有些刺激（如低于 16 赫兹的次声）能影响人的肌体状态和心理，但人们也不能意识到它的存在。某些动作方式起初可能受意识调节，但在它们成为习惯之后，便可能转化为无意识现象。在人们的相互关系中，某种意识不到的、潜移默化的影响也是存在的。

总之，意识是人的精神生活的重要特征。人的日常生活、学习和工作，是在意识的支配下进行的。只有精神错乱的病人，他们的行为才失去意识的控制，而完全为无意识的欲望所支配。但是，在人的正常生活中，也存在着无意识现象，它对人的行为也有一定的作用。

（四）个体心理与社会心理

前面我们讲到的动机、心理过程和心理特性，是存在于个体身上的心理现象。我们称之为个体心理或个体意识。但是，人是社会的实体，人作为社会的成员，总是生活在各种社会团体中，并与其他人结成各种各样的关系，如阶级关系、民族关系、国家关系、师生关系、亲属关系等。由于社会团体的客观存在，便产生了团体心理或社会心理。团体与个体一样，存在着团体需要、团体利益、团体价值、团体规范（团体舆论、团体意志、团体目的）等心理特征。一个团体由于具有某些特定的心理特征而区别于其他团体。

团体心理或社会心理与个体心理的关系，是共性与个性的关系。团体心理是在团体的共同生活条件和环境中产生的，它是一个团体内个体心理特征的典型表现,而不是个体心理特征的简单总和。团体心理不能离开个体心理,但它对个体来说,又是一种重要的社会现实,直接影响个体心理或个体意识的形成与发展。

二、心理健康的概念

(一)什么是健康

健康是人类生存和发展的最基本条件之一,它不仅是人们最关心和最珍惜的生活需要,而且是创造物质文明和精神文明的基础,它常常标志着良好的民族素质、事业兴旺和社会文明发展。

一个人到底处于什么状况才算健康?

一般的(传统的)看法认为体格健康,没有"疾病"就算健康。这里,"疾病"一词主要是指躯体的疾病,但是,现代医学科学指出,"健康"是一个非常复杂的问题,其要求和标准是相当高的,因为健康问题涉及生理学、生物学、心理学、社会学等一系列学科的研究,还与各国科学技术发展水平,各民族体质状况等有密切关系。

1989 年,联合国世界卫生组织(WHO)对健康作了新的定义[①],即"健康不仅是没有疾病,而且包括躯体健康、心理健康、社会适应良好和道德健康"。这就是现代关于健康的较为完整的科学概念,这是生物学、心理学、社会医学意义上的健康观。

世界卫生组织对健康的定义细则包括[②]:

①充沛的精力,能从容不迫地担负日常生活和繁重的工作而不感到过分紧张和疲劳;

②处世乐观,态度积极,乐于承担责任,事无大小,不挑剔;

③善于休息,睡眠良好;

④应变能力强,适应外界环境的各种变化;

⑤能够抵御一般感冒和传染病;

⑥体重适当,身体匀称,站立时头、肩臂位置协调;

⑦眼睛明亮,反应敏捷,眼睑不发炎;

---

① 桑志芹,李绍珠. 大学生心理健康教程. 南京:江苏人民出版社,1999:9.

② 世界卫生组织对健康和亚健康的定义. http://zhidao. baidu. com/question/391004150. html

⑧牙齿清洁,无龋齿,不疼痛,牙颜色正常,无出血现象;

⑨头发有光泽,无头屑;

⑩肌肉丰满,皮肤有弹性。

其中前四条为心理健康的内容,后六条则为生物学方面的内容(生理、形态)。因此,归纳起来,一个人的健康,必须包括躯体健康和心理健康两个有机组成部分。

(二)心理健康的概念

第三届国际心理卫生大会(1946)将心理健康定义为:"所谓心理健康是指在身体、智能以及情感上与他人的心理健康不相矛盾的范围内,将个人心境发展成最佳的状态",并具体明确地指出了心理健康的基本标志是①:

①体、智力、情绪十分调和;

②适应环境,人际交往中能主动谦让;

③有幸福感;

④在工作和职业中,能充分发挥自己的能力,过着有效率的生活。

(三)心理健康的特点

1. 心理健康的状态具有相对性

人的心理健康具有相对性,与人们所处的时代、环境、文化背景、年龄等方面的因素有关,所以,不能仅仅以一种行为或者一种偶然的行为来判断他人或自己的心理是否健康。

2. 心理健康的状态具有连续性

良好的心理健康状态与严重的心理疾病之间是一个渐进的连续体,在"心理健康"和"心理不健康"之间没有绝对的界限,只是程度的差异。

3. 心理健康的状态具有可逆性

如果我们不注意心理保健,经常出现不良的心理状态,那么,心理健康水平就会下降,甚至出现心理变态和患上心理疾病;反过来,如果我们心理有了困扰或者出现失衡,学会及时自我调节和寻求心理咨询的帮助,就会很快解除烦恼,恢复愉快的心情,重新拥有健康的心理状态。

4. 心理健康的状态具有动态性

心理健康的状态不是固定不变的,它是一个动态的发展过程,心理健康的水

① 杜文东. 大学生心理健康导论. 南京:江苏人民出版社,1999:2-3.

平会随着个人的成长、经验的积累、环境的改变，以及自我保健意识的发展而发展变化。

三、心理健康的标准

人的心理怎样才算是健康的，以什么作为心理健康的标志，这是一个非常复杂的问题。因为心理健康和不健康之间并没有一个绝对的界限，不像躯体的生理活动如体温、脉搏、血压、肝功能那样明显，通过各种检查，把结果综合一下就可以知道。要确定心理健康还是不健康、正常或异常，确实是相当困难的，因为并没有一个公认的、一致的标准，不过，已有许多的心理学家从不同的角度对此进行积极的探索，提出了各种不同的观点，可供我们借鉴。如：

美国人坎布斯（A. W. Combs）认为，一个心理健康、人格健康的人应有 4 种特质：

①积极的自我观念；

②恰当地认同他人；

③面对现实、接受现实；

④主观经验丰富，可供使用。

美国人马斯洛（Maslow A. H.）和密特尔（Mittelman）也曾提出人的心理健康有 10 条标准：

①是否对自己有较充分的了解，并能恰当地评价自己的能力；

②是否有安全感，

③自己的生活理想和目标能否切合实际；

④能否与周围的环境保持良好的接触；

⑤能否保持自身人格的完整与和谐；

⑥是否具备从经验中学习的能力；

⑦能否保持适当和良好的人际关系；

⑧能否适度表达和控制自己的情绪；

⑨能否在集体允许的前提下，有限度地发挥自己的个性；

⑩能否在社会规范的范围内适度满足个人的基本需要。

下面我们根据各方面的研究成果，归纳出有关心理健康的几条标准：

①具有正确的自我意识，能了解自我、悦纳自我；

②具有完整、统一、和谐的人格品质；

③具有协调与控制情绪的能力,心境良好;

④具有良好的人际交往能力,人际和谐;

⑤具有良好的适应和改造环境的能力,能够独立生活和工作;

⑥能正视现实,接受现实,热爱生活,乐于工作学习,有幸福感;

⑦智力正常,智商在 80 以上,且心理行为符合年龄特征;

⑧意识清醒,能及时协调和控制自己的注意力。

以上八条标准的要求是很高的,完全符合这些条件的人是不多的。因此,心理健康的要求是相对的,只要基本上符合这些条件,都是心理健康者,心理健康者是现代社会生活中正常人群的主流。

第二节　导游员心理保健的重要性

一、心理健康是生活幸福的需要

进入 21 世纪,社会发展的速度加快,人们的物质生活达到了一个新的水平,同时,各种竞争日趋激烈,家庭结构的改变,人情味日趋淡薄,造成人们的生活和工作压力也越来越大,许多人陷入梦想与磨砺、机遇与绝望、希望与痛苦以及抑郁、焦虑、孤独等各种心理疾病的困扰。正如一位联合国心理学专家所言:"从现在到 21 世纪中叶,没有一种灾难能像心理危机那样带给人们持续而深刻的痛苦。"心理不健康的人,往往缺乏工作和学习的效率,容易造成人际关系的紧张;在家庭生活中,难以维系亲情关系,甚至会成为家庭的负担,严重者还可能对他人、家庭和社会安全构成威胁。实践告诉我们,一切智慧、成就、财富和幸福的生活,都始于健康的心理。一个人若有心理上的疾病,即使先天有许多潜能,是个天才型人物,也无法将其潜能充分发挥应用。

二、心理健康是导游员做好工作的必备心理素质

在很多人的印象中,导游谈吐文雅,知识渊博,见多识广,在游山玩水的同时还可以获得不菲的收入,他们是一群令人羡慕的自由职业者。然而,导游服务是一种特殊的、繁杂的、高技能的服务工作,其中的辛酸却少为外人所知。

导游一旦上团,基本上是 24 小时全都在工作,除了安排一团人的吃、住、行、

游、购、玩,还要随时处理一些突发事件。旅游团成员堪称三教九流,人际关系复杂,每个游客对服务的要求各异,要做好服务工作,导游的精力、体力的消耗常常达到最大值。另外,为了保证游客的安全,导游在一线奔波劳碌,往往承担着很大的精神压力。

由于长期进行琐碎的、繁杂的、重复性强的体力劳动,导游人员不仅会感到生理疲劳,而且容易产生心理疲劳,表现为对工作感到单调、枯燥和厌倦,进而影响工作效率和服务质量。

因此,良好的心理素质是导游员成功的重要保障,广泛的兴趣、外向型的性格、积极的自我效能感、强烈的角色意识、坚定的意志、稳定的情趣以及良好的群体意识和协作精神是导游员所必备的心理素质。

三、心理健康有助于提高导游员队伍的整体形象

导游人员是旅游接待工作的主体,是整个旅游服务的轴心。因此,导游员是旅游人才中最具代表性的人才。在游客心目中,导游是一个国家(或地区)的代表,是人民的友好使者。大多数导游都以其广博的知识、精湛的导游技巧、热情的服务为游客提供了良好的旅游享受,是当之无愧的"民间大使"。

但是,长期以来,旅行社业内的恶性竞争,使得以"回扣"为主体的导游薪酬制度和相应的雇佣方式从20世纪80年代就逐渐形成并在行业内部获得了默认,导游人员大部分实际上都成了"无基本工资、无基本福利保障、无明确劳动报酬保障"的"三无人员"。在严峻的生存压力和导游工作过程的特殊性带来的压力的压迫下,一些心理素质不高的导游员产生了心理健康方面的问题或者疾患,出现了心理失控的现象,比如,当客人不买东西不给小费,导游就可能会给客人脸色看或辱骂客人,甚至发生过导游挥刀连伤20人的恶性伤害事件。这些事件,严重地破坏了导游员队伍的整体形象。

因此,无论是导游员的入职前训练,还是上岗后的在职教育,都应该加强导游员的心理素质教育,提高导游员的心理健康水平。

第三节　导游员心理保健的基本理论与方法

一、一般理论

(一)精神分析学的基本观点

精神分析理论的创始人和早期代表人物是弗洛伊德(Freud S.)。其理论的主要依据是,"个人人格的合理构造是心理健康的基础"。他把人的意识分为意识、下意识和潜意识。意识是人们能够知觉到的,下意识不在意识范围,一旦回忆就可以想起来,而潜意识是人们没有办法意识到的心理障碍,是由于人格结构中无意识成分与意识之间的不平衡所致,这种不平衡往往是无意识成分受到了意识的压制,个人由于采取歪曲的方式表达这种被压抑的无意识冲动而产生的心理障碍。譬如,当一名大学生对母亲依恋的需要在受到压抑时,他可能采取与比自己年长的女性谈恋爱的方式来满足这种需要。弗洛伊德创造了自由联想法,让来访者将压抑于潜意识的欲望再现出来,使潜意识的"症结"意识化,帮助其认清自我防御的本质,明确自己与他人的关系,进而现实地强化自我,建立正确与健康的心理结构,摆脱心理障碍。

新精神分析学派在此基础上进一步提出,除了强调个人潜意识影响之外,还应该看到社会文化的影响作用,这种思想使得精神分析更加符合实际,也更容易被人们所接受。

荣格(Jung C. G.)是新精神分析学派的代表人物之一,他认为人类在更深的心理层次上(他称为集体无意识)是统一的。他发现导致现代人心理障碍的重要原因之一是两极化思维,如要么好,要么不好,两者水火不容。解决的办法是帮助来访者弄清对立者为何物,而后帮其认识到,这种对立本身是一种假象,真实状况是所有对立的两极在更深层次上是相互依赖和统一的。

霍妮(Horney K.)认为人的心理障碍来自真实自我与理想自我之间激烈冲突。一个人应学会面对真实的自我,放下各种负担,痛痛快快地享受一下这个自我目标,在真实自我和理想自我之间做一个合理的妥协。她称之为"自我实现法"。

(二)行为主义心理学的基本观点

相对于精神分析的思想,行为主义更加强调从个人的外部行为而不是内部深层心理活动去研究人。主要理论基础有:巴甫洛夫(Лавлов И.)首创的条件反射学习理论,斯金纳(Skinner B. F.)创立的操作条件作用学习理论,20世纪60年代末由班杜拉(Bandura A.)等人提出的社会学习理论。行为主义心理学认为,人类所有的行为都是通过学习得来,个人的心理障碍直接表现为一种行为适应不良,它也是由于某种歪曲的学习结果所致,改造行为不良的唯一办法依然是学习。

斯金纳提出自我调节法,其中之一是暗示控制法,要点是控制辨别性(或诱导性)刺激物的出现。伍尔帕提出"冷漠疗法"对付不良行为,其核心是用劝导来启发来访者对已有的刺激的"冷漠",达到治疗目的。

(三)人本主义心理学基本观点

人本主义心理学的主要代表人物有罗杰斯(C. R. Rogers)和马斯洛。人本主义心理学家不同意精神分析学只研究不正常人——神经症患者和精神病人,而忽视对健康人积极心理品质的研究;也反对行为主义心理学把人当做"一只较大的白鼠或一架较慢的计算机"的机械论观点,主张心理学的研究应以人为中心。

马斯洛(Maslow A. H.)认为,自我实现(把自己的潜能充分展示、发挥出来)是人的自然倾向。它就像一粒种子,只要有适宜的土地、水分、气候等外部条件,便会以最优的方式成长起来。罗杰斯认为,人有理解自己、不断趋向成熟并产生建设性变化的潜能,就像冬天在地下室储藏的马铃薯,它要发芽,这芽有可能爬行几尺远以达到仅有的窗口光源。虽然这种细弱苍白的幼芽远不如正常条件下泥土中生长的茁壮,但它总是要发展自己。他认为每个人的心目中都有两个自我:理想的自我和现实的自我。前者就是个人期望的自我(譬如期望成为作家、期末考试得100分),而现实自我就是实际当中的那个活生生的自我(譬如实际上作文枯燥空泛或期末得了69分)。两者之间的关系决定了人们是乐观还是悲观的心境。只要个人学会调整自己,使两者形成合理的统一,心理就能保持健康。

(四)认知心理学的基本观点

艾利斯(Ellis A.)认为,人的情绪、情感并非直接由情境引起,而是经由对情境的认识而形成的。失常的情感往往是由一些错误的观念、认识带来的。艾利斯于20世纪50年代提出ABCDE理论,A为诱发事件,B为不合理信念,C为不良后果,D为诘难,E为合理效应。例如,一男青年邀一女青年看电影受拒绝(A);产生不合理信念(B),认为自己太糟糕,太丢人;结果是抑郁寡欢,不敢再约会(C);驳斥不合理的信念,即问自己:约会失败不代表自己糟糕啊!为何不能忍受别人的拒绝(D);产生合理信念,合理的情绪和合理行为(E)。

(五)交互作用心理学的基本观点

交互作用心理学派认为,人的自我结构由三个成分组成。分别是儿童自我、父母自我、成人自我。如果三者以合理的比例发展,则心理健康,否则会导致心理障碍。有三种典型的交往关系不同程度地体现了普遍存在的心理失常现象:

①我不行,你行——自卑自怜型(儿童自我);

②我行,你不行——自信自满型(父母自我);

③我不行,你也不行——自卑自毁型(儿童自我)。

正常的情况是,我行,你也行,即自信自觉型(成人自我)。只有建立"我行,你也行"的关系才是最健康的心理状态。

(六)精神心理学的基本观点

瑞士兰德学院院长丹尼什(Danesh H. B.)教授根据他30多年心理健康工作的经验,在寻求人生的意义之中,提出了精神心理学的观点。他认为,随着人类的成熟,通过科学的帮助和人的必然成长,生活的物质因素对人的制约会减少;随着精神在人类生活中占据主导地位,人类将越来越多地收获爱的成果、智慧的成果和真正自由的成果。他认为人类有三种重要的力量,就是知识、爱和意志;团结、真理、服务是人类精神生活的伟大目标。人们只有在求知、求爱和意志的自我控制中,才能获得健康的心理。在物质生活与精神生活失衡的年代里,人的心理也由此失衡,因此,从物质的、技术的、功利的统治下拯救精神,这就是时代的要求、时代的呼声。丹尼什提出精神心理学的观点,是人类走向健康与成熟的标志。

心理学家为我们提供了许多有利于心理健康的理论和方法,具有启发性和指导性。当然,在实际生活中,可能需要因人因事具体分析,综合运用。在以后的各章中将应用有关理论给予指导。

二、导游员心理保健的途径与方法

(一)导游员心理保健的主要途径

哲学的内外因关系原理告诉我们,外因是事物发展的重要条件,内因是事物发展的决定性因素。因此,导游员心理保健的主要途径有两种:

一是自我保健。《易经》云:"天行健,君子以自强不息。"导游员要提高和维护自身的心理健康,学会心理自我保健是根本的途径。

二是利用社会支持。随着现代心理卫生运动的推进，在我们的身边，出现了越来越多的心理咨询机构，一些有远见的企业，还不惜重金将“EAP(员工成长帮助计划)”引进企业管理工作中。当导游员遇到自己难以解决的心理健康问题时，不妨向这些专业机构和专业人士求助，这也是导游员心理保健的重要途径。

(二)导游员心理保健的基本方法

(1)积极主动学习有关心理健康的知识。

(2)勤于实践，在生活和工作中勤于应用所掌握的心理健康知识。

(3)培养良好的人格品质。首先应该掌握认识自我的方法，并正确认识自我，培养悦纳自我的态度，扬长避短，不断完善自己。其次应该提高对挫折的承受能力，对挫折有正确的认识，在挫折面前不惊慌失措，采取理智的应付方法，化消极因素为积极因素。挫折承受能力的高低与个人的思想境界、对挫折的主观判断、挫折体验等有关。提高挫折承受能力应努力提高自身的思想境界，树立科学的人生观，积极参加各类实践活动，丰富人生经验。

(4)养成科学的生活方式。生活方式对心理健康的影响已为科学研究所证明。健康的生活方式指生活有规律、劳逸结合、科学用脑、坚持体育锻炼、少饮酒、不吸烟、讲究卫生等。

(5)加强自我心理调节。自我心理调节的核心内容包括调整情绪状态，锻炼意志品质，改善适应能力等。

(6)求助心理咨询机构，获得专业人士的帮助。导游员在必要时应主动求助于有丰富经验的心理咨询医生或长期从事心理咨询的专业人员，通过专业性的帮助，维护自己的心理健康。

本章小结

心理因素已经成为影响当代人生活、学习与工作质量的一个关键因素。要提高导游员的心理健康水平，第一要了解人类心理的基本结构和关系。第二，要了解心理健康的概念和标准。第三，要对心理健康予以足够的重视。第四，还要了解心理保健的基本理论、途径和方法。

思考题

1. 什么叫心理？它的构成要素及其关系如何？

2. 如何理解健康的定义？

3. 什么叫心理健康？心理健康有哪些特点？

4. 心理健康的标准有哪些？

5. 维护导游员的心理健康有什么意义？

6. 简述精神分析学的基本观点。

7. 简述行为主义心理学的基本观点。

8. 简述认知心理学的基本观点。

9. 简述精神心理学的基本观点。

10. 导游员心理保健的主要途径与基本方法有哪些？

心理游戏

搭“积木”，建“大楼”

2～3 人一组，根据自己的生活经验，列举人类心理的基本构成成分，并试着归纳其结构关系。

第二章　导游员的生存现状及其对导游员的影响

培训重点

- 掌握导游员的概念和工作职责
- 了解当前我国导游人员的生存状态及其影响

第一节　导游员及其工作职责的描述

一、导游人员的基本概念

导游人员（简称导游员或者导游）是指持有中华人民共和国导游资格证书，受旅行社委派，按照接待计划，从事陪同旅游团（者）参观、游览等工作的人员。

具有高级中学、中等专业学校或者以上学历，身体健康，具有适应导游工作需要的基本知识和语言表达能力的中华人民共和国公民，可以参加导游人员资格考试；经考试合格的，由国务院旅游行政部门或者国务院旅游行政部门委托省、自治区、直辖市人民政府旅游行政部门颁发导游人员资格证书。

取得导游人员资格证书后，经与旅行社订立劳动合同或者在导游服务公司登记，可持所订立的劳动合同或者登记证明材料，向省、自治区、直辖市人民政府旅游行政部门申请领取导游证。

具有特定语种语言能力的人员，虽未取得导游人员资格证书，如果旅行社需要聘请临时从事导游活动的，由旅行社向省、自治区、直辖市人民政府旅游行政部门申请领取临时导游证。

取得了导游证，导游人员才有资格从事导游活动。现在人们习惯于将“导游员”称为“导游”。但严格地说,两者是有一定区别的。“导游”指的是“导游活动”,即“导游服务”。导游活动是指导游人员受旅行社委派,陪同旅游者旅行、游览,为旅游者提供向导、讲解和其他旅途服务。

按照工作职责划分,导游人员可分成出境旅游领队、全陪导游人员(简称全陪)、地陪导游人员、景点景区导游人员。

二、导游人员的职责

20世纪60年代,在中国国际旅行社召开的第三次翻译导游会议上,根据周恩来总理对外事翻译人员的要求,结合导游工作的实际,提出翻译导游人员要“三过硬”(思想、业务、外语过硬)和做“五大员”(宣传员、调研员、服务员、安全员和翻译员),这是对当时翻译导游人员职责的明确概括。

几十年来,我国的旅游业发生了巨大变化,由从前作为外事工作一部分的政府接待部门转变为国民经济中一个产业部门;导游服务的对象也不单纯是外国友好人士和海外华侨,而是海外各阶层的人士和数量更为巨大的中国公民。“五大员”就其精髓而言,至今仍有其现实意义,但内涵和外延已发生了变化。

(一)导游人员的基本职责

根据当前我国旅游业发展的实际和各类导游人员的服务对象,导游人员的基本职责可概括如下:

(1)根据旅行社与旅游者签订的合同或约定,按照接待计划安排和组织旅游者参观、游览。

(2)负责向旅游者提供导游、讲解服务,介绍中国(地方)文化和旅游资源。

(3)配合和督促有关单位安排旅游者的交通、食宿等,保护旅游者的人身和财物安全。

(4)耐心解答旅游者的问询,协助处理旅途中遇到的问题。

(5)反映旅游者的意见和要求,协助安排旅游者会见、座谈等活动。

(二)出境旅游领队的职责

出境旅游领队是经国家旅游行政主管部门批准组织出境旅游的旅行社的代表,是出境旅游团的领导者和代言人。因此,出境旅游领队在团结旅游团全体成员、组织旅游者完成旅游计划方面往往起着全陪、地陪难以起到的作用。其主要职责是:

(1)维护旅游者的正当权益,保证旅游者在境外旅游的安全和服务质量。

(2)配合和监督旅游目的地国家或地区导游的工作,协调目的地国家有关各方与旅游者之间的关系。

(3)做好各段游程之间的衔接工作,保证游程顺利进行。

(三)全陪导游人员的职责

全陪导游是组团旅行社的代表,对所率领的旅游团(旅游者)的旅游活动负有全责,因而在整个旅游活动中起主导作用。其主要职责是:

(1)实施旅游接待计划。按照旅游合同或约定实施组团旅行社的接待计划,监督各地接待单位的执行情况和接待质量。

(2)联络工作。负责旅游过程中同组团旅行社和各地方接待旅行社的联络,做好旅行各站的衔接工作。

(3)组织协调工作。协调领队、地陪、司机等各方面接待人员之间的合作关系;配合、督促地方接待单位安排好旅游团(旅游者)的食、住、行、游、购、娱等旅游活动,照顾好旅游者的旅途生活。

(4)维护安全、处理问题。维护旅游者旅游过程中的人身和财物安全,处理好各类突发事件;转达或处理旅游者的意见、建议和要求。

(5)宣传、调研。耐心解答旅游者的问询,介绍中国(地方)文化和旅游资源;开展市场调研,协助开发、改进旅游产品的设计和市场促销。

(四)地陪导游人员的职责

地陪导游人员是接待旅行社的代表,是旅游接待计划在当地的执行者,是当地旅游活动的组织者。其主要职责是:

(1)安排旅游活动。根据旅游接待计划,合理安排旅游团(旅游者)在当地的旅游活动。

(2)做好接待工作。认真落实旅游团(旅游者)在当地的接送服务和食、住、行、游、购、娱等服务;与全陪、领队密切合作,做好当地旅游接待工作。

(3)导游讲解。负责旅游团(旅游者)在当地的沿途导游以及参观游览中的导游讲解,解答旅游者的问题,积极介绍和传播中国(地方)文化和旅游资源。

(4)维护安全。维护旅游者在当地旅游过程中的人身和财物安全,做好事故防范和安全提示工作。

(5)处理问题。妥善处理旅游相关服务各方面的协作关系,以及旅游者在当地旅游过程中发生的各类问题。

(五)景点景区导游人员的职责

景点景区导游人员也称为讲解员,是指在旅游景点、景区,如博物馆、自然保护区等,为旅游者进行导游讲解的工作人员。其主要职责是:

(1)导游讲解。负责所在景区、景点的导游讲解,解答旅游者的问询。

(2)安全提示。提醒旅游者在参观游览过程中注意安全,并给以必要的协助。

(3)结合景物向旅游者宣讲环境、生态和文物保护知识。

第二节　导游员的生存现状及其对导游员的影响

2007年4月1日,吉林市雾凇旅行社导游徐敏超因与地陪导游彭某发生争执,继而徐情绪失控,挥刀连伤20人。这一恶性事件,引起公众对于导游行业现状的广泛关注。在此期间,一位曾从业12年的导游,甚至出版了一本自揭行业内幕书名为《叫我如何不宰你》的书。旅游市场上频繁出现的"欺诈事件",令人一提导游便联想到了"黑"。而在这背后,是旅行社之间的无序竞争与导游行业长期面临的生存困境。

一、当前我国导游的生存现状

2009年4月29日,中国社会科学院召开新闻发布会,发布《2008年旅游绿皮书》,其中关于中国导游人员生存状况的一份研究显示,中国导游人员在薪酬状况、导游工作环境中的矛盾关系以及安全和健康状况等方面问题较多,生存状况令人担忧。

本项研究采用网上调查、问卷发放、个人访谈等方式,对500多人次进行调查。调查发现,目前有近80%的导游,很大精力都要花在引导游客购物和增加自费项目方面,旅游服务的中心环节参观游览服务大打折扣。

同时,调查表明,全职导游中80%以上的人很少有或者根本没有基本工资。接受调查的导游中,主要收入来源为拿"回扣"的占为51%。80%以上的被调查者对现行的导游人员薪酬机制感到不满意或难以接受,只有1%的导游对自己目前的薪酬待遇感到满意。这种机制下,导游为获取收入拿取不合法"回扣",由此带来的问题也都归罪于导游,但却没有相应的法律法规来保障他们的收入权益。

此外,调查还发现,导游的旅游人身意外保险得不到落实,很多旅行社不负责购买导游的意外保险,旅行社责任险也不保导游,这使得发生事故后导游几乎没有任何保障,只能按一般的交通事故处理,社会导游负伤或死亡也不能按照工伤对待。

我国导游队伍已从改革开放初期的几万人成长到目前的四十万人左右,其中专职导游十几万人,他们的生存状况和职业形象关系着旅游业的健康发展。

二、导游生存现状对导游员的影响

(一)导游工作的特殊性对导游员的影响

一方面,导游的工作强度与一般企业8小时工作时间不同,导游的工作时间相当弹性化,旅游淡季可能休息很长时间,但在旺季时会一连带上几个团不休息。旅游的关联性强,导游员除按接待计划安排旅游过程中的食、住、行、游、购、娱活动外,还要满足旅游者随时提出的某些个别要求,以及解决或处理随时出现的问题,如旅游者患病、走失、财物被窃等。导游员处在对客服务的第一线,任何一环出现问题,导游都要担当起解决麻烦的角色。一线导游除了工作辛苦之外,还要承受游客的责难和怪罪,尽管一些问题并非是导游的失误造成的,但次数多了,他们很容易产生负面情绪,失去工作激情。

另一方面,由于社会习俗的影响,导游自身的思想认识也存在误区。一是认为导游工作是一个苦差事,是伺候人的下作职业;二是抱着单纯赚钱、短期暴富的心理入行,缺乏充分的思想准备,特别是一些刚刚入行的新导游,当发现赚钱并不如想象的那么容易,工作热情和兴趣顿时骤减。

(二)当前导游的薪酬制度对导游员的影响

导游的薪酬制度与当前整体旅游市场的不规范紧密相关,对导游员的影响主要表现在两个方面:

一是旅行社的恶性削价竞争。在竞争的压力和利益的驱使下,许多旅行社竞相以削价为手段来销售产品。为获得必要的利润,旅行社取消导游的薪酬、降低接待标准,甚至纵容、怂恿导游增加带客购物时间和次数,以获得"人头费"和购物签单。在恶性的削价竞争下,导游不但不能获得应得的酬劳,还要交给旅行社数量不等的"人头费"和签单费,于是就只能通过带领游客购物从中收取回扣来获得自己的收入。旅行社组团利润的偏低和恶性低价竞争使得导游不得不把很大部分精力放在购物上,严重影响了带团质量。

二是旅游购物市场有待完善。旅游购物是旅游活动中的一个重要环节，世界各国对旅游商品和纪念品的开发、生产和促销都非常重视，据统计，在全世界国际旅游消费总额中，用于购物的部分约占50%，在新加坡、中国香港等国家和地区，甚至超过了上述比例。导游引导客人购物是旅游服务中的必要环节，导游在商品促销过程中的作用举足轻重。导游取得一定比例的佣金作为宣传促销奖励可以理解。但是我国旅游商品的研发与市场脱节，各地购物商店的商品缺乏鲜明的地方特色和民族特色，有许多做工粗糙的假冒伪劣商品，没有吸引力，于是许多商店只有靠给导游高额回扣靠导游来吸引顾客。

（三）导游管理体制对导游员的影响

首先，导游职业权益难以切实维护。目前，国内导游的收入主要由基本工资、带团津贴、"回扣"和少量小费构成。其中只有少数旅行社的专职导游才有固定的工资，金额多在300元左右；带团津贴大致为每团每天15～30元。如此一来，"回扣"就成了大多数导游的主要收入来源。"回扣"是导游带客人购物之后，从店方获取的好处费。包括"人头费"和购物金额的返利。"回扣"要在地陪导游、司机、全陪导游、旅行社之间分配。这种不合理的薪金制度不能全面评价导游的工作质量，不能保证导游劳动价值的补偿，不仅挫伤了导游的服务积极性，更妨碍了旅游业的健康发展。此外，现行的导游晋级制度和我国职称制度已完全脱钩。在我国职称制度里面，根本没有导游员这样一个序列。

其次，导游的劳动保障机制不健全、不完善，部分导游人员属于"三无"（无固定工资、无劳动保险、无医疗保险）人员，很多人做兼职导游，随时都在做跳槽的准备，致使导游队伍职业稳定性下降，并导致部分导游在带团过程中降低服务水平。

在生存环境恶化的大环境下，导游对旅行社无法产生归属感，个人幸福感欠缺，心理压力极大，工作积极性不可能提高。很多导游并未把导游作为自己的长期职业，甚至旅游专业学生也不愿意把导游作为自己的职业选择，一旦有其他好的工作机会，就会跳槽。

本章小结

重温导游员的工作职责，有助于从中反省和审查自己的工作状态和工作行为，寻找工作中存在的问题和解决办法。探讨导游员的生存状态及其对从业者的影响，有助于了解导致导游员心理健康问题的深层原因。

思考题

1. 什么是导游人员?

2. 对导游人员的从业资格要求有哪些?

3. 简述导游人员的工作职责。

心理游戏

我在工作和生活中所遇到的困难

时　间:约40分钟。

材　料:白纸、笔、小盒子。

目　的:帮助成员面对与处理当前的困扰。

操作程序:

1. 分组,每组6~8人,

2. 每个人在学习、生活和工作中都会遇到困难,请每位学员想一想目前最困扰自己的事是什么,最想解决的问题是什么,考虑好后写在纸上,不署名。写完折叠好,投入已准备好的小盒子中。

3. 全体成员完成后,邀请学员从小盒子中随机抽出一张,大声念纸上的内容,请全组学员共同思考,帮助提问题的人解决问题。讨论完一张,再讨论另一张,直至所有纸条上的问题都逐一解决。

4. 最后教师引导学员思考怎样从他人经验中学习成长。

【提示】因为匿名,可减少大家的顾虑,大胆提出问题,共同出主意、想办法,帮助别人也帮助自己。大家彼此支持,相互建议并善意地提出个人见解。

在这个过程中我学会了＿＿＿＿＿＿＿＿＿＿＿＿＿＿＿＿＿＿

第三章　导游员的自我意识及其重塑

培训重点

- 掌握自我和自我意识的概念与关系
- 了解自我和自我意识的作用
- 掌握自我意识的结构
- 了解认识自我的方法
- 按照重塑自我意识的程序与方法,进行自我训练

第一节　自我意识概述

一、自我及自我意识的概念

长期以来,人们以不同的形式在思考和研究人的"自我"这个问题,对此问题的回答,是众说纷纭,各持己见,没有统一的答案。在这里,我们也只是做一个框架上的整理。

(一)自我的含义

自我是人与社会、人与人、人与物质世界相互作用的结果,它代表着个体独一无二的存在。对于一个具体的人而言,自我有着特定的生理特征、心理品质和社会境况的规定性。人的自我,不仅是人与社会的共同作用的结果,而且在人与社会的共同作用中变化和发展。

在心理学领域,自我是由两个不同的英文概念——ego 和 self 翻译而成。

Ego——自我,是精神分析理论的核心概念,是把自我作为"行动主宰者"来研究的。按照弗洛伊德的观点,人格结构由本我(Id)、自我(ego)和超我(super -

ego)三部分组成。本我没有价值、善恶与道德观。它信奉享乐原则,它的唯一内容就是力求发泄的种种本能冲动。自我,指人格中的理智而又现实的部分,按现实原则行事,它调节本我与外界的关系以及本我与超我之间的矛盾。超我是人格中的良知部分,它超越生存需要,渴望追求完美,按道道德原则行事。按照此假设,一个具体的人,是在其人格中自我(ego)这个“行动主宰者”的控制下展开各种心理和行为的——由于本我遵循享乐原则,不间断地要求满足自己的需要,从不顾及现实世界的游戏规则,结局自然难逃被罚。为了保护个体不被损害,自我努力调解本我和现实的关系,力求使本我以社会所能接受的方式获得满足。但由于本我太强大而又任性,因而给自我造成很大的困扰。在应付超我时,自我也充满了艰辛。超我规定行为规则,不论本我或外界给自我造成多大的难题,超我都要求自我按规则行事,若自我没有按它的要求做,它就会惩罚自我,使它产生焦虑,表现为自卑感与自罪感。

Self——自己、本人,是指个体的反省意识和自我意识,是把自我作为“知觉对象”来研究,将自我概念、自我形象作为研究重点。

于是,在有关“自我”的文献资料中,有时候“自我”指的是个体自身这个独一无二的存在,有时候指的是个体人格结构中的“行动主宰者”,还可能是指个体的反省意识和自我意识。这种情况,往往导致了一般人在阅读理解时的困难。

需要注意的是,生活中我们有时还用“个人”这个词来代表个体独一无二的存在,但“自我”一词不同于“个人”,两者的视线角度是不一样的,“个人”是视线向外,是一个团体的最小单位;而“自我”的视线则是向内,更多的是内在心理精神上的含义。

(二)自我意识

自我意识是意识的一种形式,是主体对自身的意识,是指一个人对自己、对自己与相关事物的关系及意义的认识、评价和相应的体验以及对自己的控制,是人的意识发展的高级阶段,是一个包含认知、情感、意志等多种心理机能的完整的、多维度的、多层次的心理系统。

人分主体我(I)与客体我(me)。人通过主体我(I)所具有的反思和审视自己的意识与能力,对人自身这个客体(客体我)进行认识、评价和控制,并在此过程中产生自爱、自尊、自卑、责任感、义务感等情绪情感的体验。对于一个具体的人来说,这一过程的自觉程度、强烈程度往往反映着他的活力和雄心壮志,进而影响他在现实生活中的成就水平和个人内在的成熟水平。

二、自我及自我意识的作用

如果仅从生理和物质的角度来理解“自我代表着个体独一无二的存在”，那么，自我是人的心理与行为的物质基础和条件。

如果从心理、精神的角度来理解“自我代表着个体独一无二的存在”，那么，自我就是每个人的“行动主宰者”，它主宰着人的所有内在心理活动与外在的行为（包括主体对自己的认识、评价、反思、审视和控制的活动）。这时，自我也就基本等同于自我意识。

在这个意义上，自我（自我意识）具有对个人的态度、行为的调节和控制作用，同时，还会对个体的自我教育具有推动作用。

而这样的自我（自我意识），就是哲学中所说的“人的主观能动性”，也就是人的成长与发展的内因，是人的生活与一生的发展的关键所在。

三、自我意识的结构

综合有关的研究，自我意识的结构如图 2－1 所示。

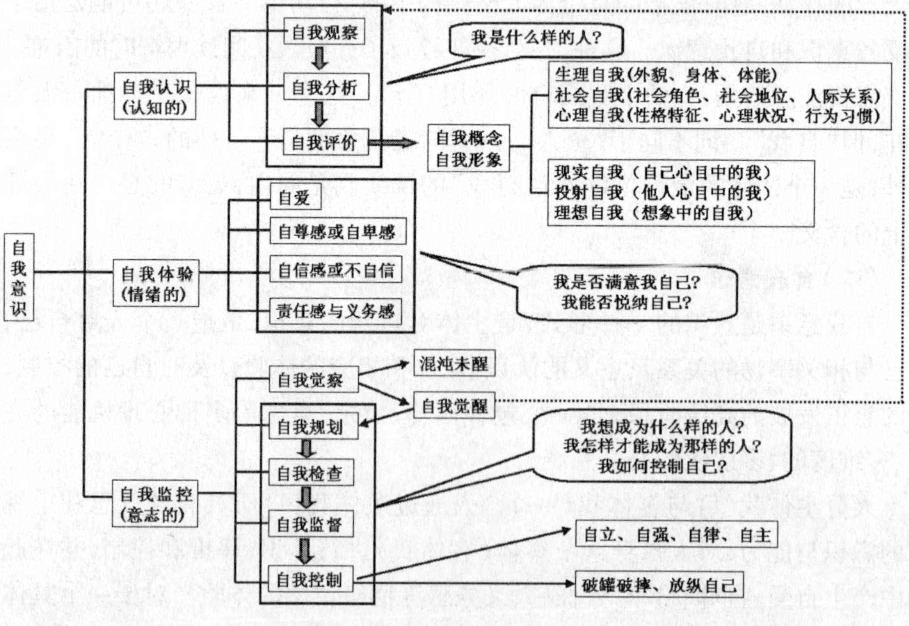

图 2－1　自我意识的结构

从图 2－1 中我们看到，自我意识主要由自我认识、自我体验和自我控制三部分组成。一个人随着自我意识的出现，在日常生活中他都会对自己产生一定的自我认识、自我体验和自我控制。通过对自己的生理、社会、心理的条件和状态进行自我感知（自我观察）、自我分析，他对自己的过去、现在做出了自我评价，也就是形成了他的自我概念或自我形象（个体对自己是谁、是个怎样的人的整体看法或影像）。伴随着这个过程及所形成的自我概念（自我形象），他的内心体验着自爱、自尊、自卑、自信、不自信、责任感和义务感等情绪或情感（自我体验）。这样的自我概念（自我形象）和自我体验，会影响他对自己未来的自我规划及对现在行为的自我检查、自我监督和自我控制。

通常情况下，对于很多人而言，这一过程和状态是不自觉的、凌乱的、比较肤浅的。只有当他的自我意识发展到一定的水平，通过自我觉察产生了自我觉醒和较强烈的对自己的自我责任感时，他的主体我（I）对其自身这个客体（客体我）进行认识、评价和控制的过程以及对此过程的反思和审视才能达到自觉、自为和主动的、较深刻的水平。同时，如果他对关于自我意识的知识了解较多且思维有相当的广度和深度的话，他对自己的自我认识、自我体验和自我控制才是系统化的和高水平的。

第二节　重塑导游员健全的自我意识

自我意识表现在三个不同的层次上：

第一层次：对自己的机体及其状态的意识；

第二层次：对自己的外部行为以及人际关系的意识；

第三层次：对自己的认知、情感、意志等心理活动的意识。

当一个人围绕以上三方面思考诸如“我是什么样的人（自我评价）”、“我应该是什么样的人（自我目标）”以及“我能做什么样的人（自我选择）”这类问题的时候，这个人就表现出了较强的“自我意识”。

因此，要重塑导游员健全的自我意识，就需要了解认识自我的有关方法，参照上述自我意识的表现层次和结构来依次进行。

一、认识自我的方法

（一）自我认识的方法

自我认识包括自我观察、自我分析、自我评价等，主要回答："我是一个什么样的人？""我为什么是这样一个人？"自我认知的方法很多，以下是几种常用的方法。

1. 借助他人

借助他人，特别是借助经常与自己打交道的人对自己的行为和活动结果的评价以及个性素质的评价，是自我认知发展的重要源泉。从"他我"中概括出那些经常的、稳固的评价，是形成较客观的自我概念的基础。最好能从多个不同的人、不同的时间、不同的场合去收集评价信息，其中重复次数越多的信息可信度越大。

2. 内省法

内省法是一种个体直接认识自己的方法。我们通过内省可以了解到自己的智力、情绪、意志、性格和身体条件等特征，它是自我意识形成的重要途径之一。通过自我观察和自我分析，可以客观、全面、辩证地看待自身，真正地了解自己。

3. 比较法

比较法包括三个方面、四种方式。三个方面是：与和自己相当的人比较；与自己的过去比较；用"现实的我"与未来"理想的我"比较。四种方式是：全面比较，即把自己与某人进行综合全面的比较；局部比较，在某些方面与他人进行比较；现实比较，拿当前情况互相比较；回溯比较，同自己的过去或别人的过去相比。

4. 活动表现法

能力，只在活动中得到体现，也只在活动中得到提高。也许你有较强的组织能力，但你若不去参与组织策划一场活动，就永远认识不到这一点，更谈不上获得别人的赏识。因此，要想全面认识自己，必须广泛参与各种社会活动，积极投身社会实践。这样既锻炼了自己，又可以发现自己的潜能，找到自己的兴趣，更好地认识自己，更好地适应社会。

（二）周哈里窗模式

心理学家鲁夫特（Joseph Luft）与英格汉（Harry Ingram）提出"周哈里窗"模式，"窗"是指一个人的心就像一扇窗，普通的窗户分成四个部分，人的心理也是如此。因此把人的内在分成四个部分:开放我、盲目我、隐藏我、未知我。

	自己知道	自己不知道
别人知道	(开放我)	(盲目我)
别人不知道	(隐藏我)	(未知我)

1. 开放我

左上角那一扇窗称为“开放我”,也称“公众我”,属于自由活动领域。这是自己清楚、别人也知道的部分,所谓“当事者清,旁观者也清”。比如我们的性别、外貌,比如某些可以公开的信息,包括婚否、职业、工作生活所在地、能力、爱好、特长、成就等。“开放我”的大小取决于自我心灵开放的程度、个性张扬的力度、人际交往的广度、他人的关注度、开放信息的利害关系等。

“开放我”是自我最基本的信息,也是了解自我、评价自我的基本依据。

2. 盲目我

右上角那一扇窗称为“盲目我”,也称“背脊我”,属于盲目领域。这是自己不知道而别人却知道的部分,所谓“当事者迷,旁观者清”。可以是一些很突出的心理特征,比如有人轻易承诺却转眼间忘得干干净净;也可以是不经意的一些小动作或行为习惯,比如一个得意的或者不耐烦的神态和情绪流露,本人不能觉察,除非别人告诉你。盲目点可以是一个人的优点也可以是缺点。因为事先不知、不觉,所以当别人告诉自己时,或惊讶或怀疑或辩解,特别是听到与自己初衷或想法不相符合的情况时。“盲目我”的大小与自我观察、自我反省的能力有关,通常内省特质比较强的人,盲点比较少,“盲目我”比较小。而熟悉并指出“盲目我”的他者,往往也是关爱你的人,欣赏你的人,信任你的人(虽然也可能是最挑剔你的人)。

所以,我们要学会用心聆听,重视他人的回馈,不固执,不过早下结论;要学会感恩,是他人帮助自己拨开迷雾见青天。

3. 隐藏我

左下角那一扇窗称为“隐藏我”，也称为“隐私我”，属于逃避或隐藏领域。这是自己知道而别人不知道的部分，与“盲目我”正好相反。就是我们常说的隐私、个人秘密，留在心底，不愿意或不能让别人知道的事实或心理。身份、缺点、往事、疾患、痛苦、窃喜、愧疚、尴尬、欲望、意念等，都可能成为“隐藏我”的内容。相比较而言，心理承受能力强的人、隐忍的人、自闭的人、自卑的人、胆怯的人、虚荣或虚伪的人，隐藏我会更多一些。适度的内敛和自我隐藏，给自我保留一个私密的心灵空间，避去外界的干扰，是正常的心理需要。没有任何隐私的人，就像住在透明房间里，缺乏自在感与安全感。但是隐藏我太多，开放我就太少，如同筑起一座封闭的心灵城堡，无法与外界进行真实有效的交流与融合，既压抑了自我，也令周围的人感到压抑，容易导致误解和曲解，造成他评和自评的巨大反差，成为人际交往的迷雾与障碍，甚至错失机会。

勇于探索自我者，不能只停留在“开放我”的层面，还应敢于直面“隐藏我”的秘密和实质。

4. 未知我

右下角那一扇窗称为“未知我”，也称为“潜在我”，属于处女领域。这是自己和别人都不知道的部分，有待挖掘和发现。通常是指一些潜在能力或特性，比如一个人经过训练或学习后，可能获得知识与技能，或者在特定环境中能展示出才干，也包含弗洛伊德提出的潜意识层面，仿佛隐藏在海水下的冰山，力量巨大却又容易被忽视。探索和开发未知我，才能更全面而深入地认识自我、激励自我、发展自我、超越自我。学着尝试一些全新的领域，挖掘潜力，会收获惊喜。

勇于自我探索者，要善于开发“未知我”的宝藏。

二、重塑导游员健全的自我意识

所谓重塑健全的自我意识，就是按照自我意识的结构（见图 2－1），运用认识自我的各种方法，对自己各方面的情况进行重新认识和评价，并建立和完善自身行为控制机制的过程。下面，我们通过一系列的活动，进行重塑健全的自我意识的探索。

（一）我是谁？——自我意识的觉醒

现在请尝试跳出自我，把意识转移到室内屋顶的某个角落。然后以客观的角度，观察你此时此刻的情况。你能够把自己当做一个不相干的人来观察吗？

再换个方式,想一想现在的心情如何,你能够用言语形容吗?

接下来,请检讨自己的心智是否反应灵敏?是否正在为这个实验的目的而纳闷?

以上这些都是人类特有的精神活动,是别的动物所缺乏的"自我意识",也就是意识到自我正在思考的能力。这是人之所以为万物之灵,以及能够不断进步的关键所在,同时也是我们能自经验中汲取教训,并且改善习性的根本缘由。

"我思故我在"这个命题,曾经作为唯心主义的观点被批判,但在心理学的意义上,作为一个人,只有当他通过自我意识,向自己提出"我是谁"这样的问题的时候,他的自我意识才处于觉醒的状态,才代表着他成为真正意义上的人。

著名电影明星成龙曾经有一部作品《我是谁》,以电影为载体,揭示了一个人迷失自我时的种种感受。

人们在生活中,经常忙于解决眼前的各种问题、忙于追求各种各样的功名利禄,却在奔波忙碌中忘记了一个对自己而言最重要的问题——"我是谁?"我们离开学校进入社会从事导游工作一段时间后,有必要通过多种多样的形式,来引发自我意识的觉醒,以便完成自我意识的重塑。

任务一:20个"我是谁"

时　间:20~30分钟。

材　料:纸、笔。

目　的:唤醒当事人的自我意识的觉醒,认识并接纳独特的自我和独特的他人。

操作程序:

1. 先向一位学员连续问5次"你是谁",每次回答不能重复。

当发现诸如"我是一个学生"这样的句子时,由于这种回答不反映个人特征,要求尽量选择能反映个人特征的,真正代表独一无二的你的语句,如"我是一个学习认真的学生"则能反映个人特征。

2. 每人准备好纸和笔,边思考边写出"我是一个________的人",看看能否写出20个不同的答案。要求尽量选择一些能反映个人特征的语句。

3. 将你所陈述的20项内容作下列归类:

A. 身体状况(属于你的体貌特征的,如年龄、形体等)的有几项;

B. 情绪状况(反映你常持有的情绪态度)的有几项;

C. 才智状况(表现你的智力、能力)的有几项;

D. 社会关系状况(属于品德、与人关系等方面)的有几项。

4. 在整个过程中,要求当事人注意体察自己的感受。然后在小组中分享自己的答案和感受。

(二)我是什么样的人?——自我认识和自我评价

任务二:我的"周哈里之窗"

________的周哈里之窗

	自己知道	自己不知道
别人知道	(开放我) 我是一个________的人 我是一个________的人	(盲目我) 我是一个________的人 我是一个________的人
别人不知道	(隐藏我) 我是一个________的人 我是一个________的人	(未知我) 我是一个________的人 我是一个________的人

1. 完成我的"周哈里之窗"后,我觉得________________

2. 经过团体讨论后,我得知同事眼中的自己,我觉得________________

3. 接着,针对"20 个'我是谁'"及"我的周哈里之窗"中列举的各条陈述,评估一下你对自己的陈述是积极肯定的还是消极否定的。在每句话的后面标上"+"(表示肯定满意)或"-"(表示否定不满意)。看看你的"+"或"-"的数量各是多少。

【提示】如果加号大于减号,说明你的自我接纳状况良好。相反,你的减号将近一半甚至超过一半,这显示你不能很好地接纳自己,你的自尊程度较低,这时你需要内省一番,寻找问题的根源。

哪一方面过低评价了自己？是什么原因造成的？有没有改善的可能？＿＿＿

(三)我应该是什么样的人？——自我目标的设定

任务三:个性发现

时　间:约50分钟。

材　料:每人一张《个性特征表》、一张白纸、笔。

目　的:认识他人,坦诚反馈,了解自我。

操作程序:

1. 分组,每组6~8人,教师发给小组每人一张《个性特征表》,请大家详细阅读。

2. 研究一下小组内其他成员每个人的个性,把你的认识记下来,对每个人可选择一种类型或选择多种(3~5种)特征。

3. 大家写完后,教师按顺序找出其中一人,请其他人说出对他的分析。最后由他本人发表对别人评价的感受及自我的分析。

类型	长　处	短处	适合职业
乐天型	热切、诚恳、乐观、抱希望、富感情、优越感、感性强	冲动、浮躁、不坚定、意志弱、易怒、易懊悔	讲解员、生意人、演员
易躁型	意志坚决、坚强、敢冒险、独立、思想清楚、敏锐	急躁、激烈、不太会同情人、易谋私利、骄傲自大、报复心强、不太会深思	将军、老板、政治家
忧郁型	思想深远、透彻、有自制力、信实、可靠、有天分、有才华、理想主义、完美主义、忠心	抑郁、沉闷、忧愁、痛苦、多猜疑、情绪化、好自省、过分求完美、易怒、悲观	艺术家、哲学家、教授
冷静型	平静、稳定、随遇而安、温和、知足、实事求是、善分析、有效率	冷淡、缺感情、迟钝、懒惰、无动于衷、不易悔悟、自满	教师、科学家、作家

【提示】别人的评价也许非常一致,也许差别很大。为什么会有差别,深入探讨一下会有许多收获。

在这个活动中,别人对你的评价一致吗?并分析原因________________

(四)我是否满意我自己?——自我悦纳的体验

任务四:天生我才

目　的:自我分享和聆听他人,发掘自我与他人的优点,增强自信和对人的信任。

操作程序:

1. 请学生填写:

我最欣赏自己的外表是:________________

我最欣赏自己对家人的态度是:________________

我最欣赏自己对朋友的态度是:________________

我最欣赏自己对求学的态度是:________________

我最欣赏自己对做事的态度是:________________

我最欣赏自己的性格是:________________

我最欣赏自己的一次往事是:________________

如果别人正在谈论我,他们十分了解我,最有可能选用的一些词是:________

2. 在小组中交流自己所写的内容,每组同学都讲完一项后,再开始下一项。

【提示】天生万物,各有长短,不能强求,人的价值在于回归自我,也就是把自己最好的方面充分发挥出来。

在交流中,我发现对自己和他人,有了些新的认识________________

全面地认识自我之后,我们应该培养健康的自我体验,积极悦纳自我。悦纳自我,就是要对自己的本来面目抱认可、肯定的态度,正视自己、接受自己、喜欢自己、对自己充满胜任感。是否悦纳自己是能否发展健康的自我体验的关键和核心,其中包括自尊、自爱、自信等。

悦纳自我有四层含义:

(1)无条件地接受自己,接受自己的全部,无论是优点还是缺点,无论是成功还是失败。

(2)改变过分追求完美的习惯,不苛求自己。过分追求完美、过分苛求自己,无异于心理上的作茧自缚，会使人心情压抑、行为退缩，失去许多展示自己的机会，最终损害自尊，导致自我拒绝。正确的态度是承认自己的不完美，接纳真实的自我，在积极的心态中，最大限度发挥自己的潜能。

(3)建立和巩固良好的自我感觉。心理学家罗伯特·安东尼有一段话："将自己的每一条优点都列出来，以赞赏的眼光去看它，经常看，最好背下来。通过集中注意力于自己的优点，你将在心里树立信心：我是一个有价值、有能力的人，绝不比别人差。无论什么时候，只要你做对了一件事，就要提醒自己记住这一点，甚至为此酬谢自己。"把视野拓宽或换一个角度看自己，会发现一个全新的自我，这样就能将注意力集中于自己的优点和成功上，而不是缺点和失败上，有助于建立和巩固良好的自我感觉，产生高度的价值感、自豪感、愉快感和满足感。

(4)永远给自己机会。一个人可怕的不是犯错误和遭受失败，可怕的是被它们打垮。人不应轻率地全盘否定自己，而应从挫折中吸取教训，重新站起来。

(五)我能做什么样的人？——自我选择的明确

任务五：挺起你的胸膛

目　的：通过4个阶段的训练，引导学生独立发现和改正自身软弱个性，磨砺自己成为一个勇敢自信的人。

要　求：

1. 个人独立完成。

2. 分四周进行。

3. 要先抽出时间，认真思考和分析自己的个性中是否有下列情况，并确认是否要改变。

(1)别人让你做某事，你心里不愿意去做，却又不敢推托。

(2)面对其他人的无端指责，你却讲不出一句话来，只会默默哭泣。

(3)买东西稍微挑了挑，就怕售货员给你脸色看，就买下自己并不需要的东西。

(4)自己的利益明显被侵犯了，却忍气吞声，不敢声张。

4. 一旦作出了决定，就必须按部就班、不折不扣地完成。下面的训练，不要漏做，否则会毫无效果。

操作步骤：

整个训练分4周进行,每周为一个阶段。

第一阶段:向陌生人问路。

你假扮一个初来乍到的问路者。为了减轻恐惧心理,你可以先去问老人和儿童,然后再去问异性。问路时,你要不慌不忙,面部毫无表情。等对方回答后,你装作不懂的样子,再问一遍。这个表演一周完成三次就算成功了。特别要完成一次向年轻、英俊、漂亮的异性或者看起来并不和善的人问路的任务。对于那些羞于和异性、陌生人打交道的人来说,完成这项作业,会产生从来没有过的兴奋和愉快。

第二阶段:买一种商品,然后去退货。

这一周的表演要比第一周难度稍微大些,因为它给对方带来一定的麻烦,当然,也会给你带来一定的心理压力。

货是否能退掉并不重要,重要的是,你敢于向对方陈述你退货的理由以及由此而培养起来的勇气和自信心。这个表演一周完成3次就算成功了。如果半途而废,要补齐。

第三阶段:学会反驳。

软弱的人,大多没有当众发脾气的勇气和体验,而是习惯于沉默、忍受。要想改变自己的软弱,就必须学会表达自己的感受,尤其是学会把不满、愤怒的情绪表达出来。为此,你必须学会反击。你可以选择一个盛气凌人、好争辩的同学作为对象,先把要与他争论的题目定好并做好辩论提纲,即使是输了,只要把你准备的话讲出来,就算成功了。这种使你第一次勇敢地面对"强者"的训练,对改变你软弱的个性是很有意义的。

第四阶段:重复第三阶段的内容。

【提示】每个人的性格中或多或少都有懦弱的成分存在,我们往往在苦难和灾难面前退缩,但是能够鼓起勇气坦然面对失败和挫折的就是勇敢与坚强的人。

讨论分享:谈谈自己的体验、感受,将每一次的挑战经历记录下来并分析,想想其中的原因,并从中得到收获。______________________________

____

(六)我怎样才能成为那样的人?——自我规划与行动准则

任务六:个性的塑造

目　的:协助学生自我反省,促进协调整合自我。

操作程序：

可分三个阶段进行。

第一阶段：我是谁？即寻找“现实中的我”的阶段。在这一阶段，每个人要清楚地知道自己的概貌，有哪些长处？又有哪些短处？在各方面的水平如何？这是自己形象塑造的开始，也是基础。

第二阶段：谁是我？即寻找“理想中的我”的阶段。通过学习，了解一个优秀导游的综合形象要求，明确自己想成为一种什么样的人。因此，在这一阶段，每个人需要寻找各个摹本，在现实和虚拟的世界中寻找全新的自我“偶像”，在内心绘制出理想中的我的大致轮廓。

第三阶段：我是我。即把“现实中的我”和“理想中的我”相统一的阶段。在这一阶段，每个人需要找出并确定从“现实中的我”向“理想中的我”迈进的途径和措施。这一阶段成功的关键在于能否有良好的自我控制能力，因为要塑造一个全新的自我，要在日常生活中持之以恒地锻炼。

【提示】重要的不是一个人是否完美，而是正确认识自我，接受不完美的自己和不完美的生活，积极悦纳自我，有效调节自我、提升自我，最大限度地将自身的潜能转化为现实。

“现实中的我”和“理想中的我”两者之间的差距是________________

我向目标迈进的途径和措施是：________________________________

____

任务七：30天改善计划

目　的：体会计划的重要性，帮助设定切实可行的计划。

建立新的良好习惯，并使自己提高效率，进一步实施。

操作程序：

在下列五个方面填入你一个月内必须做到的事情，一个月后再检查一下自己的进度。

1. 从现在起要改掉这些习惯（建议举例）：

（1）不按时完成各种计划的习惯。

（2）消极性的词语常挂在嘴边的习惯。

（3）作息时间无规律的习惯。

2. 从现在起要养成这些习惯:(建议举例)

(1)每天早上醒来都对自己说些激励的话。

(2)睡前就把第二天的事计划好。

(3)任何场合尽量赞美别人。

3. 用这些方法来增加自己的学习工作效率:(建议举例)

(1)在最高效的时间干最重要的事情。

(2)每天都安排一定的运动、休闲或机动时间。

(3)经常静静思考,包括改善学习和工作的方式方法。

4. 用这些方法来增进同学之间的和谐:(建议举例)

(1)尊敬自己周围的每一个人。

(2)认真聆听他人的意见,努力了解他人的观点及其支撑的理由。

(3)对他人为自己做的哪怕是小事也表示更大的谢意。

5. 用一些途径来增强自己的个性修养:(建议举例)

(1)阅读一本励志书籍。

(2)每周花两小时阅读本专业的杂志。

(3)结交几个新朋友。

【提示】所谓切实可行的计划,就是自行确定的每个月的配额清单。成功者并不是天生的,是通过许许多多的自我控制和修养形成的。建立新的积极性习惯,同时根除旧的消极性习惯,在这一过程中,计划目标就起着调控的作用。

许多未知的因素影响着目标的执行步骤,所以我们无法一下子成功,我们只能一步步走向成功,这个计划是根据自己情况确定的,看看自己的坚持性以及一段时间后的效果。

本章小结

"我是一切的根源。"人们在生活、学习和工作中的许多困惑,首要的一个因素是自我意识的混乱。每个人都应该在前进的过程中,安排一点时间,停下匆匆的脚步,仔细地想一想,"我是谁?""我到底想要什么?""我应该做什么才能得到我想要的?""我正在做什么?这些行为能够帮助我得到我想要的吗?"并在这些反思的基础上,重新塑造健全的自我意识,为以后的生活、学习和工作的开展奠定核心的基石。

思考题

1. 以“现实生活中的我”为题，写一篇小短文，内容包括两大方面：一是列出我的长处和优点，并写明每一条长处是怎么来的，主要是受了谁的影响，并说明这些长处对自己今后发展的好处；二是列出我的欠缺和不足，并写明每一条不足是怎么来的，主要是受了谁的影响，并说明这些不足对自己今后的发展将造成什么样的障碍和限制。

2. 你曾经感到成功是在什么时候？你那时的感受是怎样的？如果你能选择的话，你希望让什么重现？

3. 你对自己满意吗？你打算怎样完善自己？

第四章　导游员的生涯发展与自我调适

培训重点

- 掌握生涯的含义与特点
- 了解生涯发展的内涵和基本规律
- 了解导游员生涯发展中常见的困境和危机
- 掌握导游员调适与突破生涯发展困境的方法

第一节　生涯发展概述

一、生涯的含义与特点

生涯(或生计)一词在我国的古典书籍中,最早出现在《庄子·养生》篇:“吾生也有涯,而知也生涯。”此外,如白居易诗:“生计抛来诗是业,家园忘却酒是乡。”“料钱随月用,生计逐日营。”刘长卿诗:“杜门成白首,湖上寄生涯。”生涯或生计一词是日常生活用语,它的概念可以是谋生糊口的工作或职业,也可以是个人生活,甚至是整个生命中的志向与抱负。

在汉语中,从词的构成上看,“生涯”一词中的“生”,自然与一个人的生命、生活相联系;而该词的核心语素“涯”,是什么意思呢?《说文新附》中的直解是“涯,水边也”。具体地说,“涯”共有五个义项:①水边,岸。②边际,极限。③方面,区域。④量,度。⑤限制,约束。用汉语语源学的视角,我们可以从两个方面来理解“生涯”。

一是从时空数量的角度来看。“生涯”从时间上看,指从一个人的出生到死亡;从空间上看,是指一个人的活动范围,既指他在物理空间的活动范围,也指他在社会空间的活动范围(所承担的社会角色的多少及在各个角色的涉入深度);既指他在外部世界的活动范围,也指他在自己内部心理精神世界的活动范围。

二是从词义由具体到抽象的引申轨迹来看,生涯的前四个义项还比较具体,第五个义项就比较抽象。人不论生活在哪个时段,生活在哪个区域,都要受到一定的“限制”和“约束”,都要遵循一定的规则。

生涯,英文为Career,从词源来看,来自罗马字via carraria及拉丁文carrus,均有古代战车之意。Career一词在希腊有“疯狂竞赛精神”的意思,后来引申为道路。现常指人生的发展道路,也指人或事物所经历的途径,还有人把它看做是一个人一生发展的过程,或一个人一生所扮演的系列角色和职位等。目前大多数学者所接受的生涯定义来自于舒伯(D. Super)(1976)的论点:生涯是生活中各种事件的演进方向和历程,它综合了人一生中的各种职业和生活角色,由此表现出个人独特的自我发展形态。

中外学者对生涯的定义不仅因定义者看法不同而异,也因时代不同而略有转变。从大体上来看,生涯可以是指与个人终身所从事工作或职业有关的过程,即谋生糊口的工作或职业的狭义用法,也可以是指整体人生的发展,除终身事业外,尚含个人生活整体形态的开展,即个人生活,甚至是整个生命中的志向与抱负的广义用法。

由以上的定义分析,可发现生涯有以下几个特点:

(1)终身性

生涯概括个人一生中所拥有的各种职位、角色,因此,生涯不是某一时段所特有,而是终身的。

(2)独特性

生涯是个人依据其人生理想,为实现自我而逐渐开展的一种独特生命历程,不同个体的生涯,在形态上或有类似之处,但其实质可能完全不同。

(3)发展性

生涯是一个动态的发展历程,个人在不同的人生阶段中会有不同的追求,因这些追求而产生不断的蜕变与成长。

(4)总和性

生涯并不是个人在某一时段所拥有的职位、角色,而是个人在其一生中所拥有的所有职位、角色的总和,这个总和不仅限于个人的工作或职位,应该涵盖人生整体发展的各个层面。

二、生涯的发展

“生涯发展”(career development)是指个人预备或选择某一行业，决定进入这一行业，适应行业中的种种规定或要求，以及在此行业中学习和扮演各种角色，逐渐由较低层级升迁发展，成长进步到较高地位的历程。

从生涯发展的研究文献中，发现每个人生涯发展的详细历程中，虽然无法完全一样，却可找出它们的共同轨迹。

舒伯(D. Super)指出，人生的整体发展，通常由时间、范围与深度三个层面所构成。

(一)时间

生涯发展的时间是指个人的年龄或生命历程，可分为五个阶段：

(1)成长期：由出生至 14 岁(相当于儿童期)。

(2)探索期：由 14 岁至 25 岁(相当于青春期)。

(3)建立期：由 25 岁至 45 岁(相当于成人前期)。

(4)维持期：由 45 岁至 62 岁(相当于成人后期)。

(5)衰退期：62 岁以后(相当于老年期)。

(二)范围

生涯发展的范围是指个人一生中所扮演的各种不同角色，这些角色包括子女、学生、休闲者、公民、工作者、退休者、眷属、主妇及父母等。

(三)深度

生涯发展的深度是指个人在扮演每一个角色所投入的程度。这三个层面可构成人生的彩虹(如图 4－1 所示)。

莱文森(Levinson)等人曾探讨 18 岁至 45 岁美国成人的生涯发展历程，发现这期间的生涯历程可分为六个时期：

(1)20 岁转型期(18～22 岁)。离开原属的家庭，逐渐减少对父母的依赖，以便准备进入成人的世界。

(2)进入成人世界。初期结构建立期(22～28 岁)。对成人角色、责任和关系的探索和暂时性的承诺，开始建立初期的生活结构，并对未来的人生理想有更清晰的认识。

(3) 30 岁转型期(28～32 岁)。对初期的生活结构加以检讨或反省，试图建立新的结构。

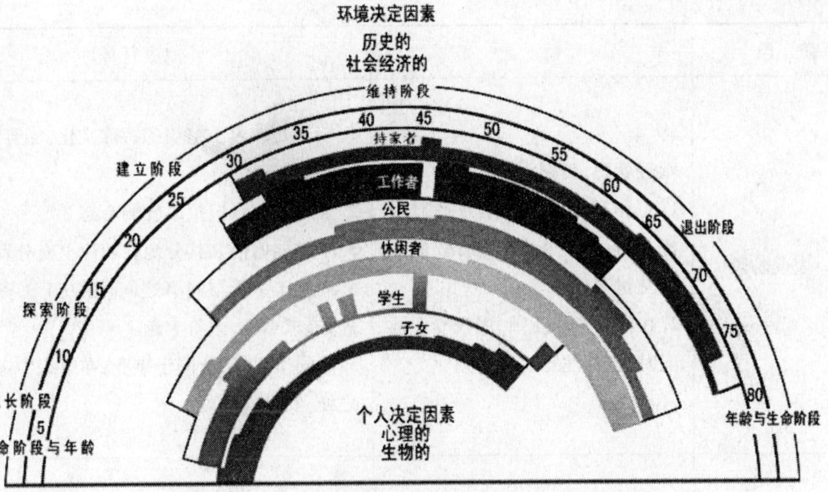

图 4－1　人生的彩虹：人生整体发展的三个层面

资料来源：Brown，Brooks，and Associates（1985）

(4)结构逐渐稳定期(33～40 岁)。个体在初期的生活结构修正完成后，曾有进一步追求成就的倾向，以使个人逐渐成为真正的自己，并让人生的美梦成真。

(5) 40 岁转型期(40～42 岁)。由于原来美梦与实际成就间的差距，使个体重新思索人生的目标，并改变与自己的关系，真正接纳自己。

(6)中年期开始(45 岁左右)。逐渐不在乎外在的是非得失，慢慢学会以个人的内在追求来导引自己，追求自我实现。

台湾地区学者金树人教授综合各家之言，将个人在组织内的生涯发展，分为起、承、转、合四个阶段，现将其所述阶段、特征及发展任务列表如表 4－1 所示。

表 4－1　个人在组织内生涯发展四阶段说明一览表

阶　段	特　征	发展任务
起：入行阶段	初生之犊，尝试错误： 1. 第一个正式有报酬而且全职时间的工作 2. 须与其他同事合作，参与大型研究计划，是个小角色 3. 工作不尽然与能力完全相符，须调整心态	1. 完成一个初步的职业选择，并将这个选择当做生涯起跑的基准，筹划下一个目标的训练或进修 2. 圆一个看得见的梦——从职业或组织的环境中，去展现自己的才华、价值及野心，让少壮的理想在工作生涯中实现 3. 接受第一个工作所带来的现实考验 4. 洗尽学生时代的书生味，准备接受组织文化洗礼

续表

阶段	特征	发展任务
承:表现阶段	驾轻就熟,初露头角: 1. 工作得以开展,能力得以发挥,渐可独立运作,主管较能放手交付责任 2. 在注意工作业绩,展现专业才能时,也渐注意提高声望	1. 接受并熟习于组织的特殊文化,涵容其中,进出自如 2. 处理并克服抗拒改变的心态 3. 学习如何恰如其分地在职位上充分发挥潜能 4. 周旋于主管与同事之间,游刃于工资报酬之外,追求卓越,力争上游 5. 认同于组织,认同于事业;在组织中寻得定位之处,安身立命
转:中年生涯阶段	独当一面,重责大任: 1. 由执行层次提升至管理或策划层次 2. 工作能结合组织目标与个人专业理念	1. 发展生涯之锚 2. 专才取向或通才取向 3. 解决中年危机的困境 4. 克服高原期的停滞 5. 面临退休的心理准备
合:交棒阶段	几朝元老,提携后进,对组织的大方针或未来方向,有决定性的建议权和影响力	1. 做一个称职的顾问 2. 在工作、家庭与自我发展之间寻求一个适当的平衡点 3. 为退休做心理准备 4. 发掘自己进步的新兴趣与资源 5. 学习接受新的角色 6. 放手,退休

(资料来源:金树人,1992)

从生涯发展研究,发现由于研究者所关注的焦点不同,对生涯发展阶段的划分也不完全一致,但这些信息仍可作为个体规划生涯时的参考。

(1)各阶段均有其独特的需求与必须完成的任务。

(2)强调各个阶段间的关联性,前一阶段为后一阶段的准备或先决条件,后一阶段则回顾、检讨前一阶段的作用。

(3)生涯发展并非直线进行,虽然大部分的研究都按年龄顺序排列,但事实上各期之间仍有许多循环、转折之处,亦有统整的作用。

第二节　导游员生涯发展中的困境与危机

一、导游员生涯发展中的困境与危机

“人生不如意事十之八九。”导游员的生涯发展,如同其他行业的从业者的生涯发展,都可能遭遇困境或危机。那么,导游员可能会遭遇哪些生涯发展的困境或与危机呢?

(一)生命发展周期中固有的困境或危机

施恩(Schein)认为生命的历程主要是由个体身心成熟的发展,个体事业的发展与个体感情、婚姻与家庭的发展三种旋律交织而成的一种“生命旋律的动态关系”(如图4-2所示)。每个个体生命旋律的发展不同,因此三条生命弧线的起伏不同。有人认为先成家再立业,二十岁就结婚了,到四十岁时已是儿女成群;有人认为先立业再成家,到了四十岁虽然事业有成,但还是单身贵族。因此,每个人在不同的生命旋律中都会遭遇困境,只是每人的困境不同,所遭遇的危机也不同。

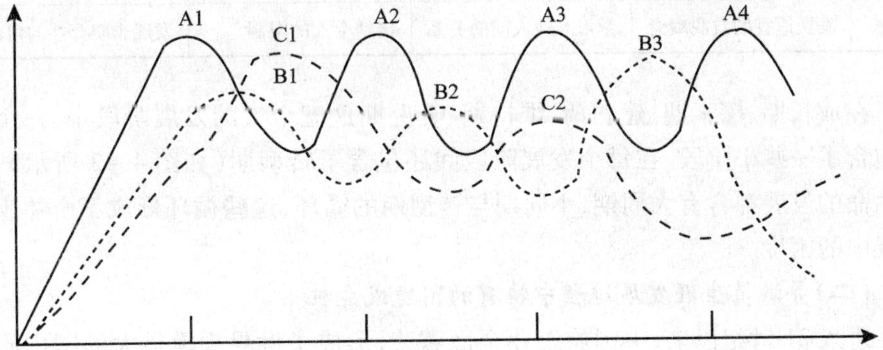

A1—青春期;B1—第一份工作;C1—结婚、生子;
A2—30岁;B2—维持事业;C2—小孩长大、独立;
A3—40岁;B3—退休;A4—70岁;A—表示个体身心的发展;B—表示个体的事业发展;
C—表示个体的婚姻、家庭发展

图4-2　生命旋律的动态关系

(资料来源:夏林清,1986)

舒伯指出,个体一生的生涯发展大致可归纳为:成长期、探索期、建立期、维持期、衰退期。在这些生涯发展阶段中,每一阶段都有一些特定的发展任务需要完成,每一阶段需达到一定的发展水准或成就水准,而且前一阶段发展任务的达成与否关系到后一阶段的发展。

后来,舒伯对发展任务的看法又向前跨了一步。他认为在人一生的生涯发展中,各个阶段同样要面对成长、探索、建立、维持和衰退的问题,因而形成"成长—探索—建立—维持—衰退"的循环(见表4-2)。①

表4-2 循环式发展任务(舒伯,1984)

阶段	年龄			
	青　年(14—25岁)	成年早期(25—45岁)	中　年(45—65岁)	老　年(65岁及以上)
衰退	减少用于嗜好的时间	减少运动时间	集中于主要活动	减少工作时间
维持	验证当前的职业选择	设法保持工作的安定	巩固自己,面对竞争	保持仍有兴趣的事
建立	开始创业	安于现职	学习新的技能	从事向往已久的事
探索	学习更多的工作机会	寻找机会,做自己喜欢做的事	辨识新问题并设法解决	寻找合适的退休后活动场所
成长	发展适宜的自我观念	学习与他人间的关系	接纳个人的限制	发展非职业性的角色

在成长期、探索期、建立期、维持期、衰退期这五个大的发展阶段中,每个阶段包含了一些小阶段,在每个发展阶段间还包含了转型期(如图4-3所示),每个生命的发展都含有大周期、小周期与转型期的循环,这些循环形成了个体生涯发展中的困境。

(二)导游员生涯发展过程中特有的困境或危机

进入21世纪以来,中国旅游业全面繁荣,形成了世界规模最大的国内旅游市场,并成为世界第四大入境旅游接待国、亚洲第一大客源输出国,确立了世界旅游大国的地位。与此相应,我国的导游队伍规模也在快速扩大,"十五"时期我国拥有导游资格证人数由2004年年底的14.8万人,增长到2005年年底的37.3万人,年均增长20.3%。至2006年9月全国拥有导游资格证人数达47.27万

① 金树人:《生计发展与辅导》,(中国台湾)天马文化事业发展有限公司,1998年3月,第49页。

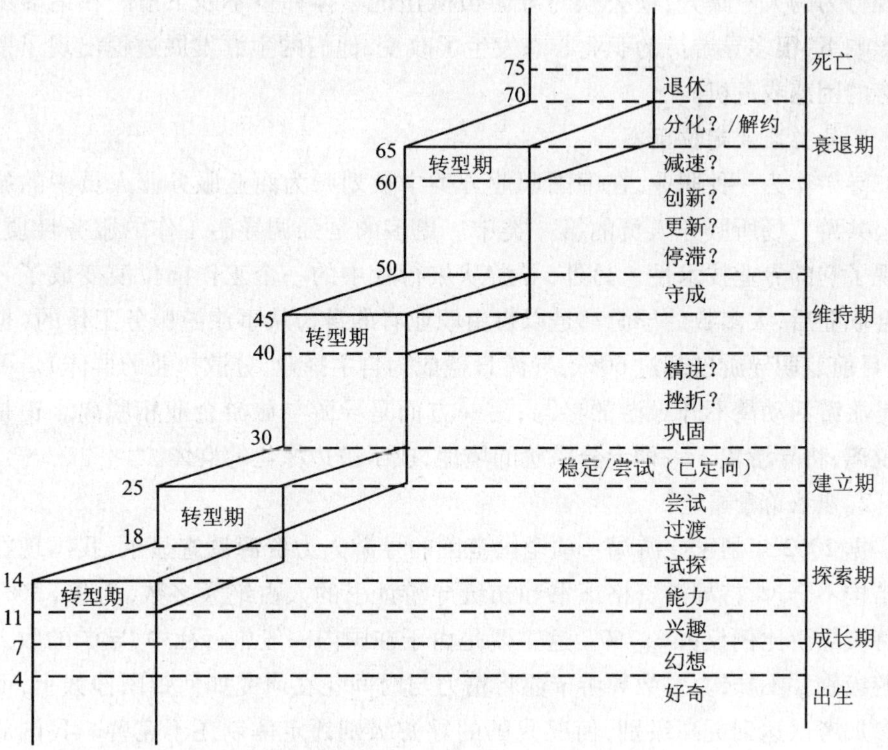

图4－3 大周期——发展阶段与发展任务

（资料来源：舒伯，1984）

人。[①] 其中执业导游32.05万人，比1991年增加了近30万人，即扩大了近15倍之多，年递增约26%，临时或景点景区导游、讲解员增长的数量更多，导游已成为社会最热门的职业之一。总体来说，我国导游人员年轻化、社会化、多样化趋势明显，市场意识、竞争意识、维权意识不断增强，为弘扬中华文化，促进中外交流，推动中国旅游业持续发展作出了贡献。

然而，与这些发展形势相悖的是，由于当前整体旅游市场的不规范以及导游管理体制、薪酬机制、激励机制，特别是劳动保障机制不健全、不完善，导游生存危机不断加深，导游人员心理负担日益加重，同时，近年来社会舆论对部分导游

① 中国社会科学院旅游研究中心《2007年旅游绿皮书》，2007年6月。

违规行为的大量曝光,使公众对导游员队伍的整体评价不断下滑。在诸多因素的影响下,很多导游员的职业心态发生了改变,他们的生涯发展过程出现了一些特有的困惑或危机。

1. 导游职业定位困惑

导游作为一种职业,在中国职业分类中被划归为商业服务业人员中的旅游及公共游览场所服务人员的第一类中。更多的是强调导游工作的服务性质,而忽视了它的专业技术性。另外,导游从旅行社中的一个工作岗位演变成了一种社会职业后,大多数的导游都是以自由职业者的身份从事旅游服务工作的(据统计,目前兼职导游已超过60%,导游日益成为自主择业、分散执业的群体)。一方面是旅游活动离不开导游的参与;另一方面是导游与旅游企业相脱离。正是这种脱离,将导游置于一种十分尴尬的境地,成了被边缘化的群体。

2. 职业前景暗淡

据2002年国家旅游局一项全国范围的导游人力资源调查显示,我国现在导游结构不合理,持导游资格证书和初级导游证书的人占绝大多数,为96.3%;中高特级导游比例仅占3.7%。这主要是由于在国内一般旅行社中,导游的收入与导游级别并不挂钩,多数导游宁愿将精力与时间花在研究如何带团挣钱上,而不去参加考试达到更高级别,何况我国的导游级别评定体制还不完善。我国旅行社组织结构与其他单位有所不同,层次较少结构简单,这也造成导游在公司内部晋升难。

3. 职业认同感低

一项对3254位导游的调研表明,多达66.53%的人认为导游经济地位差、社会地位低,对本职业缺乏自豪感和认同感。笔者曾利用为某旅行社进行在职导游轮训的机会,对导游职业认同感进行调查,结果发现99%以上的在职导游对所从事的职业不看好,对该职业的认识以及从事该职业意义都有怀疑,甚至有部分人表示耻于向亲朋好友介绍自己的职业。这样的结果令人感到惊讶。

4. 职业环境不好,职业的公众形象差

导游的职业环境包括物理环境和心理环境。导游工作的物理环境主要是在室外,如飞机场、酒店、景区以及交通工具上,很多时候导游的工作环境存在较高的安全隐患。首先是来自交通工具的风险。导游在交通工具上的时间比较长,导致发生交通事故的概率高于常人,而且导游站着做讲解或坐在副驾驶的位置上,几乎没有安全保障设施,这一位置被戏称"天堂座"。其次是来自自然环境的危险。山岳、峡谷等由导游带领游客前往,其危险性也很高。最后是饮食方面的安全和工作中的突发事件等,使导游处于工作安全感较低的状态。此外,导游工作的心理环境较差,如社会对导游的评价、旅行社内部的氛围、家人的理解与支持程度、顾客对导游的信任程度等。

虽然"黑导"只是少数害群之马,游客因购物点价高物次而受骗也只是少数现象,但这些少数现象经媒体的报道后,在社会上形成了广泛的消极影响,给整个导游队伍形象蒙上了阴影,从国内导游的整体形象来看,社会舆论对导游的评价不高,大多数人对导游存在不满的心理,"天下导游一般黑",这种说法说明了社会对导游的综合印象。旅游者面对导游也都存有不信任甚至戒备心理,认为导游与"黑"字挂钩,工作就是游山玩水,又可以赚"黑心钱"。

导游是一个"四海为家"的职业,时空上均缺乏稳定性。在旅游旺季的时候,导游基本上没有待在家里的时间,几乎是无法照顾家庭的,家人的抱怨也就成为导致导游生涯发展困惑的一个重要原因。

5. 薪酬福利差,工作不稳定

我国现在大部分导游的工资被取消,固定的收入很少或者根本没有,导游的收入主要与来自于出团费和带团中的一些灰色收入有关。2008 年中国社科院发布旅游绿皮书,其中一篇《中国导游人员生存状况的调查报告》指出,接受调查的导游中,主要收入来源为拿"回扣"的所占比例为 51%。微薄的基本工资、出团费和无法获得国家认可的回扣,再加上几乎没有的小费,就是我国多数导游的收入构成。有的导游要在带团前向旅行社缴纳一个团的"人头费"。而导游的社会保障体系更为不健全,很多旅行社不负责社会福利,导游服务中心更无此义务。随着导游员年龄的增长,生理机能下降,对稳定的经济来源和各种保险保障越发重视,不管是在经济上还是心理上,都需要社会保障的支持。可当前的社会保障体系无法提供相应的保障,导致导游的安全感比较低。

旅游的季节性导致导游工作量分布极为不均匀,旺季时劳动强度很大,常超负荷工作,淡季时几乎没有收入来源。特别是挂靠在导游服务中心的导游,往往在旺季时被临时聘用,是旅行社招之即来,挥之即去的角色。这样的情况不仅造成导游经济收入方面季节波动很大,而且导致导游对企业和行业没有忠诚度,缺乏组织归属感。

6. 工作复杂、辛苦、压力大

导游员的工作是脑力与体力相结合的工作。每当接到任务,他们必须做大量的心理上、体能上以及知识方面的准备。

导游作为旅游活动中最关键的角色，联系着旅游活动中的吃、住、行、游、购、娱，肩负着繁重的体力劳动，带着客人一游就是三五天，跋山涉水，跑断两条腿，讲干一张嘴。同时还要与景区、饭店、餐馆、交通部门打交道，做好各种联络工作。在工作的过程中，导游接触的是来自各行各业，性格各异的人，要应对需求各异的游客，要协调不同民风民俗及语言的差异，既要维护旅行社的利益，又要保障旅游者的权益，还要考虑自己的利益。另外，导游员的工作必须严格按照行程安排的时间表来进行，而且很多时候是在清早或晚上接送团队，稍有不慎就可能造成误团、漏团、误机等情况，时刻面临着时间压力、利益冲突、安全压力、游客的抱怨和误解等。

7. 工作团体人际关系复杂

导游的工作团体中主要包含有旅行社经理、旅游车司机、其他导游或领队、餐饮企业与商店等。这些人各自都代表了不同的利益，关系错综复杂。为了保持旅游过程的顺利进行，导游往往要受制于这些关系，常常不断权衡这些复杂关系，处于忧虑和困扰中。就像有些导游说的，导游上团中要受旅行社的管制与压榨，要权衡与地陪或全陪的利益，要与司机分为数不多的收入，还要与饭店、商店处理好关系。

8. 自责与愧疚并存

其实，即使“导购”成功，多数导游心里并不轻松。由于收入不合法，还损害游客的利益，导游难免自责，甚至“有做贼的感觉”。调研中不少导游反映，“我们也想让自己高尚，但是又苦于生活的逼迫和高昂人头费，所以，多数时候是拉下脸面对无辜的游客；想让游客满意，但这样一来无法向家人交代，也无法向司机交代，更无法向旅行社交代，所以，好的导游总是被良心和现实撕扯着，究竟怎样才好?”导游生活在这种自责和矛盾中，心理负担极其沉重。加上导游经常在外带团，对家庭深深愧疚心理和浓浓的报偿情结也会时时折磨导游，带团时间越多，愧疚感越重，以致很多导游在结婚生子后，不得不离开导游岗位而另谋出路，这使得导游成为过渡性职业。

9. 身心俱疲，对未来充满迷茫

做导游十分辛苦。有导游在网上发帖子说：“导游起得比鸡早，睡得比狗晚，吃得比猪差，跳得比猴快，走得比马多，爬得比牦牛高。这样做下去，想长寿都难。”

其实,比身体劳累更严重的是精神上的压力。由于没有合法收入,导游带团本质上就是一场赌博,向旅行社支付人头费后能有多少盈余谁都无法预计,即使眼前收入可观,但老了怎么办?对现实收入的不可预期和对未来生活的困惑与迷茫,使导游人员身心俱疲,趁年轻挣点钱就改行的心态在导游中相当的普遍。

二、导游员生涯发展的调适与突破

人生如逆水行舟,除了不进则退,还会经历跌宕起伏,迂回曲折。当我们遇到生涯发展的困境与危机的时候,应该如何自我调适与突破呢?

(一)真心接纳"昨天的我决定今天的我,今天的我决定明天的我"的观念

我们必须意识到,人生由自己的一个个选择积累而成。所以,真心接纳"昨天的我决定今天的我,今天的我决定明天的我"的观念,才能够坦然面对我们面临的困境与危机,才能专心致力于解决现实的问题,并着手规划自己的未来。

三个工匠的故事

有三个工匠在一起盖房子。行人路过,分别问他们在干什么。

第一个工匠一脸茫然地说:"没看到我在忙吗?工头安排我来砌砖呢。"

第二个工匠很兴奋地说:"我在盖一栋很大的房子,等这房子盖好了,就可以住很多很多人。"

第三个工匠非常自豪地说:"我要让这座城市变得更美丽。我要争取将来盖更多更漂亮的建筑,让来到这个城市里的每一个人都称赞我们的城市是最漂亮的,这是我这一辈子一定要做的事情!"

十年以后……

第一个工匠还是一名普通的工匠,在埋头砌砖。

第二个工匠成了工程师,在工地上指挥大家建房子。

第三个工匠当上了这座城市的设计师,在他的规划下,这座城市正变得越来越漂亮。

只有明确选择了自己将来要成为的角色,才会有目标,有努力的方向,才会走向成功。

有人说，外界复杂因素的力量太强大，我们只能屈服于命运和现实。我们不否认现实中外界因素的强大与重要，但是，也必须承认，当我们放弃了自己的选择权的时候，也就意味着我们选择了“被外界的因素所决定”。

(二)参加“生涯发展”的教育与辅导，学习有关个人生涯发展的规律与方法

所谓“教就有，不教就没有；学就有，不学就没有”。在我们曾经的教育经历中，很多人都是按照学校安排的课程计划，专注于研究自己以外的人和事，很少有专门的课程教我们如何规划并经营自己的生涯发展。因此，应该主动地给自己“补课”——补上生涯发展这一课。

可以通过自学或者参加专业机构提供的生涯发展、心理成长方面的各种学习班，来掌握个人生涯发展的规律与方法。

如何统筹个人的生涯发展计划和组织的结构，使自己成为快乐的专业人员，生涯辅导专家霍尔(Douglas. Hall)认为，个人和组织之间要统一协调，生涯发展的管理或设计，应考虑下列几项要点：

(1)评估生涯发展的时空情境因素。个人探索自己生涯发展的动机和机会，组织则有层次结构的设计。

(2)收集生涯发展相关的信息资料。根据个人的价值取向、兴趣或经验、潜能等，了解组织中的生涯发展机遇。

(3)设定生涯发展的具体目标。这是统筹个人的人生目标和组织未来的发展目标之后的结果。

(4)发展达成具体目标的策略或计划。个人要形成计划，把握关键的步骤，组织也要设计具体的活动方案。

(5)促成生涯发展目标与计划的实现。其中包括问题解决和适应技巧的运用等。

(6)达到生涯发展的确实完成。这是实现或完成生涯发展目标最后的阶段。

通过参加相关的训练，进行生涯探讨练习和研讨交流，往往可以发现许多不同的观点，获得生涯规划的宝贵经验，对个人的成长很有帮助。但许多导游还缺乏提高自我、进行教育投资的意识，往往错失促进自我成长的机会。

(三)重新认识自我，认真地思考“我要做什么样的人？”“我要过什么样的生活？”尽早开始思考和设计自己的生涯发展计划

《孙子兵法》云：“知己知彼，百战不殆。”经过工作的历练，导游员应该停下匆忙的脚步，重新审视自我，做好自我评估，包括自己的兴趣、特长、性格、学识、技能、智商、情商、思维方式等，可以在第三章内容的基础上，完成对自己的 SWOT 分析，这是调适与突破自己生涯困境的基础。

自我 SWOT 分析

时　间：15 分钟。

材　料：SWOT 分析表。

目　的：知己知彼，增强自我认识及学习能力。结合目标，有针对性地进行改善。

操作程序：

1. 教师给每位同学发一张 SWOT 分析表。

2. 请学生填写 SWOT 分析表，优势和弱势是对自身客观、理性的认识，机会和威胁是对环境的识别和分析。

3. 小组分享讨论。

自我 SWOT 分析表

S 优势	W 弱势
T 威胁	O 机会

【提示】SWOT 分析是 20 世纪 80 年代初由美国旧金山大学的管理学教授韦里克（H. Weihric）提出的，经常被用于企业战略制定、竞争对手分析等场合。S 代表 strength（优势），W 代表 weakness（弱势），O 代表 opportunity（机会），T 代表 threat（威胁），其中，S、W 是内部因素，O、T 是外部因素。SWOT 分析同样可运用于个人生涯发展规划中。

当你为自己作了 SWOT 分析之后，是否对自己的认识更加清楚？

____

____

《大学》有云:“知止而后有定,定而后能静,静而后能安,安而后能虑,虑而后能得。物有本末,事有始终,之所先后,则近道矣。”很多导游员迫于生存压力,整天四处奔波,在忙碌中却把对于自己最重要的——“我要做什么样的人?”“我要过什么样的生活?”给忽略了,结果就像一首歌曲里唱的:“有时间的时候没有钱,有钱的时候却没时间”,总是无法过上自己想要的生活。

新生活从选定方向开始

比塞尔是西撒哈拉沙漠中的一个小村庄,它靠近一块1.5平方千米的绿洲,可是在肯·莱文1926年发现它之前,这儿的人没有一个走出过大沙漠。肯·莱文作为英国皇家学院的院士,当然不相信这种说法。他用手语向这儿的人问其原因,结果每个人的回答都是一样:从这儿无论向哪个方向走,最后都还是要转到这个地方来。为了证实这种说法的真伪,他做了一次实验,从比塞尔向北走,结果用了三天半时间就走了出来。

比塞尔人为什么走不出来呢?肯·莱文非常纳闷,最后他只得雇用一个比塞尔人,让他带路,看看到底如何?他们带了半个月的水,牵上两匹骆驼,肯·莱文收起指南针等现代化设备,只拄一根木棍在后面。10天过去了,他们走了数百英里的路程,第11天的早晨,一块绿洲出现在眼前。他们果然又回到了比塞尔。这一次肯·莱文终于明白了,比塞尔人之所以走不出沙漠,是因为他们根本不认识北斗星。比塞尔村处在浩瀚的沙漠中间,方圆上千米没有一点参照物,若不认识北斗星又没有指南针,想走出沙漠,确实是不可能的。

肯·莱文在离开比塞尔时,带了一位叫阿古特尔的青年,这个青年就是上次和他合作的人,他告诉这位小伙子,只要白天休息,夜晚朝北面那颗最亮的星走,就能走出沙漠。阿古特尔跟着肯·莱文,三天之后果然来到了大漠的边缘。

现在比塞尔已是西撒哈拉沙漠中的一颗明珠,每年有数以万计的旅游者来到这儿,阿古特尔作为比塞尔的开拓者,他的铜像被竖在小城中央。铜像的底座上刻着一行字:新生活是从选定方向开始的。

【提示】用简单的数学知识来说,两点之间,直线最短。假设以相同的速度行进,如果一个人看到明确的目标,努力以直线前进,会很快到达目的地;而如果一个人没有看到目标,就会像在浩瀚沙漠中完全凭着感觉在摸索的比塞尔人一样,漫无目的,曲折前行,最终可能发现,自己又回到了起点,或经过多年的辛勤努力后，仍两手空空，一无所获。一个人无论多大年龄，真正的人生之旅，是从设定目标那一天开始的。

你有明确的目标和方向吗？______________________________

在设计自己的生涯发展规划的时候，除了要按照"择己所爱、择己所长"的原则做好职业发展规划外，还应该制订"工作—家庭平衡计划"。家庭对每个人都有着重大的意义，会对我们的职业发展带来许多影响。该计划可以帮助导游员正确处理家庭与工作间的关系，调和职业和家庭的矛盾，缓解由于工作—家庭关系失衡而给导游造成的压力，给导游以物质、精神和时间上的支持。

（四）充分利用现阶段的时光和所拥有的各种资源，努力提升自己的综合素质

做生意需要资本，人生的发展也同样需要资本。而个人的综合素质，就是我们生涯发展资本的重要构成部分。

导游员的素质包括思想素质、文化素质、身体素质和心理素质等。导游员可以不是一个专家，但必须是一个杂家。应具有外交家气质和应变能力、博学家的广博知识、运动员的身体素质、服务大师的服务意识等。一名优秀的导游员给旅游者的感觉应是"一见钟情"，难舍难分，他的服务给旅游者留下的是难以忘怀的印象，旅游者带走的是此次旅游的美好回忆。这就决定了导游员需要不断地学习，不断地锻炼。

很多导游员不太重视职业道德和职业技能的培养，而看重如何将游客的钱装进自己的腰包，重视导游艺术的人更是少而又少。因而这一职业很容易遇到瓶颈。要突破这一瓶颈，应该从导游员的人文素养入手，提高导游人员的个人魅力，从而提升导游艺术的水平，职业道德也会随之得到改观。人文素养的核心，不是"能力"，而是"以人为对象、以人为中心的精神"，其核心内容是对人类生存意义和价值的关怀，这就是"人文精神"。这其实是一种为人处世最基本的"德性"、"价值观"和"人生哲学"，它追求人生和社会的美好境界，推崇人的感性和情感，看重人的想象性和生活的多样化。社会的人文素养是社会文明的标志，个人的人文素养的质量是个人健康发展的尺度。而作为一项常常与人打交道的职业，对从业人员的人文素养要求也不应该放松，它直接影响导游的带团技能、职业道德以及导游的个性魅力。

(五)协调好理想与现实的差距,注重建立良好的人际关系

任何事情都存在有利的因素,同时也会存在不利的因素。当面临生涯发展的困境或危机时,除了看到不利的因素,还应该设法找到其中所蕴涵的积极因素,认清理想与现实的差距,朝最好的目标努力,同时做最坏的准备。

在生涯发展的过程中,一定要注重掌握人际关系的规律,培养人际关系技巧,把人际关系当做宝贵的资源,加以开发及运用。良好的人际关系能够在我们面临困扰的时候获得必要的心理支持,还可以为我们拓展新的发展机遇,这对我们的生涯发展有事半功倍的效果。

(六)找一个热情的私人教练

很多世界冠军都有自己的私人教练。导游员也应该为自己找一个热情的私人教练。私人教练可以根据你的实际情况,帮助你分析自身的特性,解答你在生涯发展方面的困惑和难题,理清生涯发展的思路,提供具有针对性的建议。

(七)给自己独处静思的时间与空间

越是身处激烈竞争的社会,越需要给自己留出静思的时间和空间。一方面可作自我反省、觉察,一方面可通过创意、想象,来增强内在力量,还可以起到减轻生活与工作的压力,避免过度焦虑的产生。

本章小结

人们往往急于解决眼前碰到的问题,而忽略自己最重要的追求。在我们整天忙于追逐金钱、权势、名声的过程中,千万不要忘记好好规划自己的人生发展,每隔一段时间,每当面临困境,都应该停下来,想一想自己的人生到底追求的是什么。提前做好自己的发展计划和相关的准备,别等到自己的奶酪被拿走了,才开始思考下一步该怎么办。

思考题

1. 对我来说,生活是什么?我想过什么样的生活?
2. 对我来说,幸福是什么?
3. 对我来说,职业是什么?
4. 我所认为的成功是什么?
5. 我最大的期望是什么?
6. 我的职业生涯规划:

(1)我将来想从事的工作是什么?

(2)5 年以后我会成为什么样的人?过着什么样的生活?

(3)10 年以后我会成为什么样的人?过着什么样的生活?

(4)20 年以后我会成为什么样的人?过着什么样的生活?

7. 我将如何协调好工作与家庭生活、物质生活以及精神生活的关系?

8. 面对生涯发展过程中的困境与危机,我将如何进行自我调适与突破?

心理游戏

圆满人生

时　间:10 分钟。

材　料:圆满人生坐标纸一张,水彩笔若干。

目　的:澄清影响个人职业发展的动力和阻力,确立职业发展的自我目标。

操作程序:

1. 请找出自己目前在家庭、事业、健康、财富、人际关系、学习、快乐、自我实现八个方面的等级程度,并描上点。可以用两种颜色的笔,画出"现实的人生圈"和"理想的人生圈",将两种圈作比较。

2. 请把 8 个点连接起来,看看结果怎样?并作集体交流。

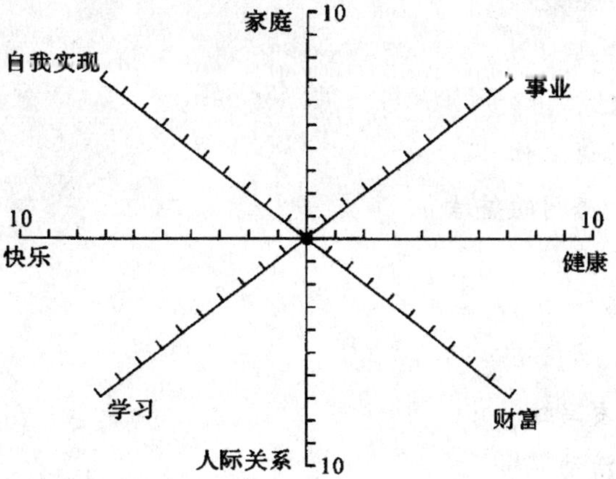

【提示】你的"现实人生圈"与"理想人生圈"之间的区别和关系怎样?你如何找到现实与理想之间转变的途径?

心理自测

霍兰德职业倾向测试

霍兰德职业倾向测验由兴趣倾向问卷、个体经历问卷和人格倾向测验三个分测验组成，每部分有48个题目。请仔细阅读每一个题目，根据自己的实际情况进行回答，在符合你的情况的答案上画“√”，并填在答题纸上。

第一部分　兴趣倾向

一、指导语

下面列出了一些具体的活动或者职业，请你根据自己的喜好作答，如你喜欢从事题目中所列的活动，请选“是”，否则请选“否”，答案无对错之分。

注意：本问卷主要用来确定你的职业兴趣，而非让你选择工作，你喜欢某种活动并不意味着你一定要从事这种活动，答题时也不必考虑自己是否有过或擅长这种活动，只根据你的兴趣直接判断即可。

二、问卷内容

你喜欢做下列事情吗？

1. 装配、修理电器
2. 阅读专业性论文
3. 素描或者绘画
4. 结交新朋友
5. 对别人做劝说工作
6. 保持桌子和房间的整洁
7. 修理自行车
8. 做物理实验
9. 登台表演
10. 给亲朋好友写信
11. 组织文体活动
12. 将文件、报告、记录分类归档
13. 上机械制图课
14. 观察植物的生长情况
15. 听音乐或戏剧

16. 帮助别人解决困难
17. 带头组织兴趣小组
18. 撰写公文
19. 驾驶摩托车
20. 在动物身上做实验
21. 上书法美术课
22. 为别人出主意
23. 检查和评价别人的工作
24. 检查个人收支情况
25. 拆开玩具以便了解它是怎样工作的
26. 上化学课
27. 读诗
28. 参加集体活动
29. 做演讲
30. 校对稿件
31. 做木工活
32. 解数学或棋艺难题
33. 跳舞
34 去别人家里做客
35. 参加探险
36. 看速算表演
37. 组装飞机、舰船、汽车模型
38. 阅读科学书籍或报刊
39. 写小说、诗歌、散文或其他的文艺作品
40. 调节同学之间的矛盾
41. 领导别人完成某个任务
42. 统计调查数据
43. 组装、修理计算机
44. 参观自然或科技展览
45. 演奏乐器
46. 参加讨论会或辩论会

47. 买东西时与人讨价还价

48. 研究速记法

第二部分　个体经历

一、指导语

下面列出一些具体活动，对于你能够做得很好或能够胜任的活动，请选“是”；对于你从未做过或做得不好的活动，请选“否”。

注意：选择时只考虑你是否擅长此项活动，不要考虑自己是否喜欢该活动或是否适合做该项活动。

二、问卷内容

1. 使用锯子、车床、砂轮等工具
2. 搞小发明
3. 演奏一种乐器
4. 判断别人的性格
5. 当学生干部
6. 计算机录入
7. 使用万用电表
8. 懂得显像管的工作原理
9. 独唱或合唱
10. 与别人合作，配合默契
11. 说服别人听从你的意见
12. 将信件或报纸整理分类，以便好找
13. 看机械、建筑设计图纸
14. 知道一种放射性元素的“半衰期”
15. 演戏
16. 帮助别人摆脱困境
17. 在混乱场合主动维持秩序
18. 速写
19. 修理结构简单的电器
20. 了解生命的起源
21. 能够画出富有人物个性的素描

22. 组织老同学聚会
23. 组织社团或兴趣小组
24. 为自己或集体做财务预算
25. 绘制机械图纸
26. 玩智力游戏
27. 设计服装、海报或家具
28. 参加慈善或救济活动
29. 做事具有超常的精力和热情
30. 详细记录自己的花销
31. 修理家具
32. 说明肝脏的功能
33. 创作散文、诗歌或小说
34. 通过讲故事、说笑话、模仿滑稽动作等逗人开心
35. 被大家推选为代表向上级提出建议
36. 核对数据或文章时既快又准确
37. 修理录音机的简单部件
38. 使用显微镜
39. 表演现代舞或芭蕾舞
40. 接待来宾
41. 帮助别人作出重要决策
42. 在短时间内分类处理大量文件
43. 修理自行车
44. 知道光合作用的原理
45. 制作陶器、捏泥塑或剪纸
46. 调节同学、同事或邻里关系
47. 督促他人工作
48. 为别人当导游

第三部分　人格倾向

一、指导语

下面是一些具体的描述，请仔细阅读题目，并根据自己的实际情况填答“是”

或“否”。答题时以自己的第一反应为依据,不要过分推敲,答案无所谓对错。

二、问卷内容

1. 我喜欢把一件事做完后再做另一件事。

2. 我经常不停地思考某一问题,直到想出正确答案。

3. 我喜欢做戏剧、音乐、舞蹈、新闻采访等方面的工作。

4. 在工作中,我喜欢独自筹划,不受别人干涉。

5. 和陌生人交谈对我来说毫无困难。

6. 对别人借给我的和我借给别人的东西,我都记得很清楚。

7. 我喜欢在做事情前,对事情作出细致的安排。

8. 我喜欢抽象思维,不喜欢动手操作。

9. 我喜欢不时地夸耀一下自己取得的成就。

10. 当我一人独处时,总是感到很寂寞。

11. 我总是主动向别人提出自己的建议。

12. 我喜欢经常请示上级。

13. 我喜欢修理自行车、电器一类的工作。

14. 我喜欢需要运用智力的游戏。

15. 音乐能使我陶醉。

16. 我喜欢参加各种聚会。

17. 如果待遇相同,我宁愿当一名商品推销员,也不愿当一名图书管理员。

18. 我是一个沉静而不易激动的人。

19. 我喜欢亲自动手做一些东西,从中得到乐趣。

20. 在工作时,我喜欢尽量避免干扰。

21,我喜爱幻想。

22. 我很容易结识新朋友。

23. 在大多数情况下,我是一个充满自信的人。

24. 我喜欢按部就班地完成要做的工作。

25. 我的动手能力很强。

26. 我的理想是当一名科学家。

27. 接受一项新任务后,我喜欢以自己独特的方式去完成它。

28. 我乐于解除别人的痛苦。

29. 我常常忘记东西放在哪儿。

30. 我总留有充裕的时间去赴约会。

31. 如果能掌握一门手艺并能以此为生,我会感到非常满意。

32. 我在作决定时总是很谨慎。

33. 我有文艺方面的天赋。

34. 听到别人遭受不幸,我总是感到很难过。

35. 我喜欢充满挑战性的工作。

36. 我喜欢把一切都安排得整整齐齐,井井有条。

37. 我认为传统方法通常是最好的。

38. 我做事情很少受直觉或情绪的影响。

39. 我有很强的创造力。

40. 我在作出决定前常常考虑别人的意见。

41. 爬山时,我喜欢独辟蹊径,而不喜欢走大道。

42. 对于急躁、爱发脾气的人,我仍能以礼相待。

43. 我讨厌跟各类机械打交道。

44. 在实验室里独自做实验会令我寂寞难耐。

45. 我不愿意成为人们注意的焦点。

46. 我作出选择后就一定要按照自己的想法去做。

47. 我愿意从事工资少,并且比较稳定的工作。

48. 我希望能经常换不同的工作来做。

计分与说明

一、霍兰德职业倾向问卷答题纸

1. 兴趣倾向问卷计分表

1	7	13	19	25	31	37	43	R 总分
2	8	14	20	26	32	38	44	I 总分
3	9	15	21	27	33	39	45	A 总分
4	10	16	22	28	34	40	46	S 总分
5	11	17	23	29	35	41	47	E 总分
6	12	18	24	30	36	42	48	C 总分

2. 个人经历问卷计分表

1	7	13	19	25	31	37	43	R 总分
2	8	14	20	26	32	38	44	I 总分
3	9	15	21	27	33	39	45	A 总分
4	10	16	22	28	34	40	46	S 总分
5	11	17	23	29	35	41	47	E 总分
6	12	18	24	30	36	42	48	C 总分

3. 人格倾向问卷计分表

1	7	13	19	25	31	37	43	R 总分
2	8	14	20	26	32	38	44	I 总分
3	9	15	21	27	33	39	45	A 总分
4	10	16	22	28	34	40	46	S 总分
5	11	17	23	29	35	41	47	E 总分
6	12	18	24	30	36	42	48	C 总分

二、总分统计表

表中打“√”的计 1 分，打“×”的不计分。把每一行的分数相加（其中人格倾向问卷的第 43 ~48 题反向计分），填在总分一栏，然后把每一列的总分相应填入下表，就可以大致了解自己的职业倾向。

类型	兴趣	经历	人格	总分
R 型				
I 型				
A 型				
S 型				
E 型				
C 型				

三、关于得分的说明

(1)你在某职业类型中的得分越接近最高得分,表明你越适合从事该职业环境的相关工作。反之,你在相关维度的得分越低,表明你越不适合从事该职业环境中的工作。如果你有两种(或以上)的职业类型的得分相同,表明那两种(或以上)职业类型你都比较符合。

(2)你在六种职业类型中的得分最高的一项,即为你自身所属的职业类型。

(3)需要注意的是,如果你在某职业类型中的总分低于7分,那么你在择业的时候,应该尽量避免选择该职业环境中的相关工作。

四、霍兰德的六种职业类型

在职业领域,霍兰德将所有的工作分为以下六种类型:

(1)现实型(R):愿意使用工具从事操作性工作,动手能力强,做事手脚灵活,动作协调。偏好于具体任务,不善言辞,做事保守,较为谦虚。缺乏社交能力,通常喜欢独立做事。

(2)研究型(I):思想家而非实干家,抽象思维能力强,求知欲强,肯动脑,善思考,不愿动手。喜欢独立的和富有创造性的工作。知识渊博,有学识才能,不善于领导他人。考虑问题理性,做事喜欢精确,喜欢逻辑分析和推理,不断探索未知的领域。

(3)艺术型(A):有创造力,乐于创造新颖、与众不同的成果,渴望表现自己的个性,实现自身的价值。做事理想化,追求完美,不重实际。具有一定的艺术才能和个性。善于表达、怀旧,心态较为复杂。

(4)社会型(S):喜欢与人交往、不断结交新的朋友,善言谈,愿意教导别人。关心社会问题,渴望发挥自己的社会作用。寻求广泛的人际关系,比较看重社会义务和社会道德。

(5)管理型(E):追求权力、权威和物质财富,具有领导才能。喜欢竞争、敢冒风险、有野心、有抱负。为人务实,习惯以利益得失、权力、地位、金钱等来衡量做事的价值,做事有较强的目的性。

(6)常规型(C):尊重权威和规章制度,喜欢按计划办事,细心、有条理,习惯接受他人的指挥和领导,自己不谋求领导职务。喜欢关注实际和细节情况,通常较为谨慎和保守,缺乏创造性,不喜欢冒险和竞争,富有自我牺牲精神。

第五章　导游员的需要与动机及其调适

培训重点

- 掌握需要和动机的概念
- 了解导游员需要和动机的构成与主要特点
- 掌握导游员需要和动机的自我调适方法

第一节　导游员的需要与自我调适

一、需要概述

（一）需要的定义

需要是有机体内部的一种平衡状态，表现为有机体对内外环境条件的欲求。需要是推动有机体活动的动力和源泉。

（二）需要的种类

1. 自然需要和社会需要

如果从需要产生的角度对需要加以分类的话，可以把需要分为自然需要和社会需要。

（1）自然需要是由生理的平衡引起的需要，它与有机体的和种族的延续有密切的关系，又叫生理需要或生物需要。

（2）社会需要是反映社会要求而产生的需要。社会需要是人所特有的，是通过学习得来的，所以又叫获得性需要。

2. 物质需要和精神需要

就满足需要的对象而言，可把需要分为物质需要和精神需要。

(1)物质需要是对社会物质产品的需要。

(2)精神需要是对各种社会精神产品的需要。

二、导游员的需要分析

(一)导游员的需要构成

马斯洛认为,可把人的需要分为五个层次:生理需要、安全的需要、爱和归属的需要、尊重的需要和自我实现的需要。需要的这五个层次,是一个由低到高逐级形成并逐级得以满足的。

参考马斯洛的"需要层次说",对导游的需要内容作出以下大致的描述。

1. 生理的需要

(1)在饮食方面

导游在陪团旅行时,多是随旅行团一起在宾馆就餐,餐饮标准较高。但一日三餐高标准的餐饮不断重复,也会给导游带来厌烦心理。如果一星期吃三次芋头扣肉,吃的时候还要给游客讲解,一年下来会是什么滋味呢?尽管导游的餐饮是高标准的,但餐饮是基于工作的目的,仍然处于饮食是人生存的必需的最原始阶段。因此,哪怕是一顿风味餐,导游也体会不到饮食文化的精神含义,而且由于奔波的疲劳,或者旅程安排不顺利,面对丰盛的饭菜,导游往往吃不下去或吃得甚少,事后往往会因错过一次美食机会而感到遗憾,而再度陪团又会处于紧张忙碌之中。

(2)在睡眠方面

睡眠的需要主要表现在睡眠的时间。对于游客来说,初到一地,他们的兴趣会成倍地增加,晚睡早起,仍然精神十足。但对于导游来说,随着景点重复频率不断提高,新鲜感会不断减退,随之疲劳也会不断增加。工作的需要,导游仍然不得不早起晚睡,甚至是晚上坐车,白天仍然跋山涉水。旅途疲劳、新鲜感减退,使睡眠越显不足,这使导游始终感到紧张、乏力。全陪一个星期尚可,超过两个星期,有的导游可能就感到力不从心了。

2. 安全的需要

导游的工作流动性较大,旅行的安全与家庭的安全是其安全需要的主要内容。

例如游客生病、丢失东西、走失、漏乘或车祸等。此种事情的发生,虽然对导游本身的安全构不成威胁,然而却牵连到导游的责任而使其感到不安。例如,一位游客的戒指丢失了。游客回忆说，他吃饭前明明放在房间的桌子上。导游立刻与宾馆联系，并仔细在房间里寻找。游客有些过意不去，他说无所谓，不要了。然而导游却非常着急。到底怎么回事？因为饭前只有他去过那位游客的房间，曾向游客交代次日的日程安排。会不会引起嫌疑？对其他游客会不会引起连锁反应？结果戒指在壁柜下面找到了。假如找不到，导游会始终心存不安，有一种不安全感。导游的职责是陪同游客安全旅行，因此，游客的安全便构成了导游安全的一个组成部分。

由于工作流动性较强的缘故，导游的居住条件令他们最为关切，也构成导游安全需要的重要内容。一是希望有一个舒适、温暖的家；二是外出回来后，希望家人能平平安安。如果导游家庭居住环境较差，尽管陪团不会出现问题，他们仍会有一种不安全感。假如导游在陪团时，家中发生一件意外的事情，导游焦虑的心情远比他在家时更为强烈，此时，导游则会把安全感与社会的保障和旅行社的关心紧密联系到一起。

3. 文化娱乐的需要

古人认为“勤有功，戏无益”，而现代人却越来越多地倾向于对文化娱乐的追求。对此，马斯洛解释说：“审美需要的冲动在每种文化、每个时代都会出现，这种现象甚至可以追溯到原始的穴居人时代。”（弗兰克·戈布尔：《第三思潮：〈马斯洛心理学〉》第4页）他还认为，对于美的追求是一种“实现人的全部潜力的欲望”。因此，对文化娱乐美的追求是正常、健康人的需要，正如人在饥饿时需要食物一样。心理学家在调查中还发现这样一个规律：对于大多数普通人来说，文化素质与对文化娱乐的需求成正比，年龄与对文化娱乐的需求成反比。

从导游的成分比例来看，年轻、文化素质高是其特点之一。因此，决定了导游对文化娱乐的需求比较强烈。文化娱乐的基本功能是愉悦和松弛人的身体和精神。对于个人来说，则是要释放他们充沛的精力，以寻求心理和生理上的平衡。然而导游在陪团过程中，尽管各地都尽最大努力为旅行团安排了夜生活，但对于导游来说，却远远不能满足其需要。第一，夜生活内容往往与导游的需要不相符。人的需要有明显的指向性，也就是说，人的需要的对象是根据自己需求有所指的。各地安排夜生活节目多为一些中国的传统项目，如杂技、气功、民间舞蹈等，这往往与导游需要的指向不相吻合。第二，生疏的环境和工作的特殊性使导游缺乏与夜生活相适应的心境。为游客安排的夜生活，导游并不是参与者，而是组织者，导游要现场翻译，还要处理各种问题，安排下一天的活动。由于工作以及较为生疏的环境和缺乏良好的心境，陪团中的夜生活对导游不仅起不到消除疲劳、缓解紧张以满足审美、兴趣的作用，反而加剧了疲劳和紧张。因此，旅行社在淡季或闲暇时间组织一定的文化娱乐活动，让导游在他熟悉的环境和人群中，以缓解他在陪团中产生的寂寞和紧张，显得尤为重要。

4. 爱的需要

导游爱的需要主要表现在恋爱婚姻与家庭感情方面。

(1)恋爱婚姻

有人说爱是人生永恒的主题。古往今来，许多人在咏叹这个主题。导游爱的需要是不言自明的。然而，从选择配偶、恋爱、到组成家庭，却是一个复杂的过程。有人提出家庭结构的“天平论”，即我们通常所说的“门当户对”。其实，门当户对不仅包括家庭，还包括个人的知识层次、社会地位、工作、收入等。导游个人素质较高，这包括他的文化结构及形象等；收入丰厚，涉外单位也增加了导游本身的吸引力。因此，导游选择对象的条件也颇高。一般地说，恋爱找对象并不成问题，但导游属于服务性职业，社会上也有这样一种说法，什么翻译导游，不就是跟洋人转的吗？有人谈到导游，还有一种靠不住、信不过的看法，这当然是对导游职业的偏见。然而，正是导游这种自身的优势与社会上的偏见，使得导游在恋爱过程中产生高不成低不就的情形，这给年轻导游带来了烦恼。

(2)家庭感情

家庭结构“天平论”，不仅指恋爱、择偶，而且还指夫妻双方在家庭共同承担的责任，以及双方共同依存的支柱——感情。男性导游对家庭的责任，女性导游对家庭的依附，双方对孩子的爱恋，这是人之常情。当一方陪团时，无形中加重了另一方的负担。尤其在特殊情况下，比如父母生病、孩子入托、买菜做饭等。作为家庭生活支柱的双方，他们更加务实。一方长期不间断地陪团，也会给家庭感情带来影响。

5. 归属的需要

由于知识结构和长期单独工作的原因，一般来说，导游独立性较强，他们不过多地去依靠别人。但在外出陪团，家庭中有困难时，他们希望得到集体的帮助，否则，他们将格外失望。

导游对将来的工作安排也颇为关心。我国导游大多比较年轻，这个问题并不突出。但随着时间的推移，这个问题便会凸显起来。对于年龄大、不再适合流动性强、体力消耗大的导游工作的老导游，作出适当的安排，将对年轻导游积极努力工作有很大的鼓舞作用。

6. 交往的需要

人际间的相互交往，不仅是出于工作而达到互相了解沟通的目的，更重要的是保持自我心理上的平衡。重感情，善交往，是现代青年的一大特点。感情的交流是双向的。然而，导游在陪团过程中，与接触最多的交往对象——游客之间，却得不到这种双向的交流。由于历史、文化、风俗习惯等的差异，导游与外国游客之间可以交流情感的共同话题甚少，更多的则是说明与介绍。更因为导游陪团过程是一种短期行为，这种短期行为致使导游总处在一种陌生的环境和人群中。因此，有的导游说，导游工作是一种"累"的行业。"累"不仅是指导游工作消耗体力，更主要的是指导游在工作中得不到感情的双向交流，而在精神上产生的疲劳。

导游在工作中交往的对象还有：一是全陪与地陪以及其他旅游从业人员之间的交往。作为同行，经历、兴趣、习俗等相同点甚多，国家、社会、旅行社、家庭等都是他们经常谈到的话题，感情上容易接近。愉快的交往是全陪与地陪以及其他旅游从业人员成功合作的基础。因此，利用各种机会，有意创造条件，让各地导游及从业人员相互熟悉非常必要。二是旅行社经理与导游之间的交往。一般地说，导游与领导交往的动机是积极健康的，领导正确对待这种交往，往往会给导游带来更大的工作积极性。但由于工作关系、性格等原因，领导与导游的交往在一定程度上是有区别的，或者说有多有少，有亲有疏。这往往又会挫伤一部分导游的工作积极性。三是旅行社内部导游之间的交往。这是旅行社内部工作上互相协调、生活上互相帮助的基础，也是导游满足交往需要最重要的内容。导游之间的交往也并非都是一样的。一般地说，一个导游往往与几个或者十几个人交往较为密切。需要指出的是，由于工作独立性较强的原因，在许多旅行社中，导游之间相互帮助的氛围显得不够。

7. 自尊和理解的需要

导游自尊的需要，首先表现在来自旅行社内部他人的尊重。一般情况下，正常人都希望在各种不同的情境中，让他人认为自己具有一定实力，能够自立，胜任工作，对自己充满信心，并且不容别人忽视自己的特殊作用。当导游受旅行社派遣单独去完成某项工作时，这种自尊感特别强烈。旅行社如果忽视导游这一特点，在给导游交代工作任务时，流露出不放心，导游则会敏感地感觉到。如果有别人在场，导游会感到没面子，工作中主观能动作用的发挥也会受到影响。其次,理解导游的工作,是导游自尊的另一个重要内容,这是来自旅行社外部他人的尊重。作为服务行业,导游应尊重客人,但同样,导游也应受到他人的尊重。作为一种较为特殊的服务行业,导游的工作还区别于其他服务行业。正因为导游具有某种代表性的含义,因此,他对来自他人的态度和自己的脸面看得格外重。例如,一位导游陪一个外国旅游团在一个文物景点参观,由于国内游人非常多,外国游客被夹在其中总也到不了文物展品跟前。外国游客大为不满,并把这种情绪指向导游。导游便好言向国内游客解释,并奋力使外国游客挤到文物展品前,结果却又使国内游客大为不满,他们并不知道旅游团已等了好长时间,说洋人为什么可以优先?这种尴尬的局面使导游里外不是人,自尊心遭到极大挫伤。同样,导游也应受到游客的尊重。然而,客观现实是,我们不能强求社会,也不能强求游客。这是客观环境对导游需要心理带来的影响。

8. 成就和荣誉的需要

取得成就和荣誉是人的一种有目的的自觉活动,也是一种自我实现的需要。一般地说,导游创造突出的成绩、获得较高荣誉的机会并不多。但年轻导游希望别人能够肯定他的进步,尤其在语言表达、陪团经验方面,年龄大一些的导游,他们则不看重别人在口头上对他的肯定,而更多的是希望别人在潜意识中注重他的经验的价值。工作上遇到较大的事情与他们商量,他们往往感到满足。

(二)导游需要的一般特点

从导游需要不同层次来说,我们可把它分为三个层次,即低层次需要,包括生理、安全、文化娱乐的需要;中层次需要,包括爱、归属、交往、自尊的需要;高层次需要,包括成就和荣誉、理想和志气的需要。从需要的个性去考察,导游的需要层次不一,期望值与表现特点也不尽相同。从导游需要的共性去考察,导游的需要有以下三个特点:

1. 起点高

人对某种具体物质的需求,是以一定的条件为基础的。具备一定条件后,人们便具有与之相符的需要,并且对所需求的事物进行选择。我国作为发展中国家,发展旅游业有着许多与其他发展中国家相同的特点:一方面国家经济尚不发达,缺乏资金;一方面国家付出大量资金修建各种豪华接待设施,以满足高消费游客的需要,与国际旅游市场同步。导游是在整个国家条件尚不高、局部条件好的独特环境里提供服务的。导游所处的条件、环境明显优越于其他行业,这种反差使得他们有一种优越感。从某种角度说,优越感会促使导游热爱旅游事业,并为之奋斗;另一方面,优越感也会促使导游趋向于过分强调个人的需求,产生“高人一等”的要求,条件差则不能容忍。个别导游为追求物质上的享受,甚至不惜丧失人格而走上邪路,也是这种需要急剧膨胀的原因之一。由于职业的特点,导游的交往十分广泛,各旅游部门之间联系也十分密切,往往一地的情况其他旅行社很快就知道,比如某旅行社某人提升了职务,某旅行社待遇、奖金如何等。这种横向比较并非坏事,它有助于激励导游的上进心,信息的反馈又会促使旅行社改进工作方法,但过于在待遇上加以横向比较,则会使导游对物质需要的追求不断升温。

2. 欲望强

马斯洛认为,人“几乎很少达到完全满足的状态。一个欲望得到了满足之后,另一个欲望就立刻产生了”。人是生命体,而生命体每时每刻处于活动变化之中,因此,需要也会伴随着生命的全部历程,并阶段性反复出现。由于导游的知识结构和职业特点,导游在满足低级需要的同时,对中层次需要(爱、归属、交往、自尊等)要求十分强烈。例如,尽管导游具有很强的独立性,但在潜意识中,他们却有强烈要求归属于旅行社群体的感情,希望真正成为其中的一员,得到群体的相互关怀和照顾,并希望发展同事之间的友谊和忠诚。再如,有的导游在旅行社中,似乎并不看重领导和同事们对自己怎么评价,但在游客面前,他却表现出强烈的自尊。导游需要欲望具有外部表现与内心世界不相一致的特点,即从外部表现看,他似乎比较“冷”,而内心世界却非常“热”,只要细心观察,导游这种特点不难发现。

3. 知足感

我们知道,取得成就和荣誉以及自我实现,是人有目的的自觉活动。能否实现这种期望,换句话说,能否满足个人需要,并在心理上得到平衡,那是另外一回事。因此,对待人类这种最高层的需要,要有正确的观念,并建立适度的期望值。小学、中学、大学、旅行社,这是大多数导游走过的路。当自食其力并得到社会承认时,导游容易产生满足感;当业务能力达到一定水准,工资等待遇明显高于其他行业,而取得较好成绩和荣誉又较为困难时,导游也会发出“就这样了”的感慨;当取得一定成绩而没有得到期望中应有的褒扬时,导游对此不仅敏感,而且也容易产生消极情绪。因此,在导游队伍中往往有这样两种情形:一是“安于现状”,有旅行团就陪,无旅行团便无事;二是积极努力,多方式、多渠道增长知识,提高能力,以满足理想和志向的需要。人的需要是一种连续不断重复出现、重复产生的心理过程。至于人类最高层次的需要——成就、荣誉、理想、志向以及自我实现的需要，正如马斯洛所说的，是“一种想要变得越来越像人的本来样子，实现人的全部活力的欲望”。因此，我们说，这种知足感并非真正的满足，而是主观与客观不协调而产生的一种假象。

三、导游需要的自我调适

导游的各种需要是客观存在，并遵循“需要—行为—满足—新的需要”这样一种循环往复的过程。了解并正确认识需要的这一过程，旅行社管理工作才能够更好地实施，导游也才能正确地认识自己。

（一）充分认识需要的特点和满足需要的条件

只要客观物质不灭，并不断提供信息，人就会不断支配自己去满足自己的各种需要。人的需要是永不满足的。但事实是，生活中绝大多数人在绝大多数情况下，都不可能完全满足自己的需要。这是为什么呢？

首先我们从需要的特点谈起。

第一，需要具有鲜明的时代性和社会性特征。时代不同，社会发展程度不同，人的需要内容也不同。在封建制社会，农民只追求一块自己的土地耕作，而对现代人来说，这根本不足一提。同样，在社会发展程度较低下的社会里，也不可能去追求与发展程度较高的社会相一致的需要。需要的这一特征表明，个体的需要，只能与所处的时代和社会的人在各个方面所能达到的水平相符合，而不可能超越时代和社会。

第二，需要具有个体差异。每个人都有其各自有别于他人的追求。例如，有人把自己的名誉看得很重，有人则追求生活物质的享受；有人爱听京戏，有人则喜欢听通俗歌曲。当实现了自己的愿望时，需要便会得到满足。然而，在生活中，社会却用同一把尺子去衡量每一个人。需要的这一特征表明，需要只能达到在社会实践中个人力所能及的程度。

其次，我们再看一看满足需要的条件。

第一，需要的满足与客观环境有关。我国曾在青年中展开“爱一行，干一行”还是“干一行，爱一行”的讨论。青年们讨论热烈，各抒己见。然而在实际生活中，人要想“爱一行，干一行”是不可能的，而只能“干一行，爱一行”。这便是客观现实对个体的制约和限制，客观环境为人提供满足个人需要的条件是极其有限的。例如，一些大人物或大科学家，能够受到人们的高度尊重，而由于诸多原因,大多数人却注定成不了大人物或大科学家。这表明,人只能在客观环境所提供的条件下,去满足自己的基本需要。

第二,需要的满足与个人素质有关。人们要满足自己的需要,不仅有来自外部的限制,也会有来自自身内部的障碍。例如,你一方面想做好旅游工作,而另一方面又难以克服自身一些固有的缺点。在实践中,我们发现,无论做什么事,常常会有一种来自内心的力量起消极作用,甚至会出现两种相反的力量。正常的人都会如此。这表明,人只有在自身内部诸多本质力量相和谐时,才能够满足需要。

(二)建立适度的期望值

对未来可能发生的事情的期望系数称为期望值。换句话说,期望值是人们期望未来发生的事情能给自己多少东西的一种尺度。每个人对未来的事情都有一个大致的描绘,期望值越高,行为越积极主动,反之,期望值低,对行为的激励也低。要想建立适度的期望值,应正确处理以下几个关系:

1. 正确处理物质的需要与客观现实的关系

我国还是一个发展中国家,在物质方面能够提供给人们的还无法与发达国家相比。人对需要的追求不可超越他所生活的时代与社会,这是需要的显著特点之一。如果一味追求物质需要,超越了时代与社会,并成为个人生活的目的时,物质需要就会导致人走向贪欲。物质需要产生于人的生理机制,一般地说,物质需要的满足感往往会使人流露于外表。当对物质需要的追求超出一定限度并成为灾害时,很容易被人察觉,并带来不良后果。导游是在整个社会物质条件低下,局部物质条件较好的条件下工作的。条件比较好,这是工作的需要,对外开放的需要,它不应是激发个人对物质追求的因素,而应是做好工作的基础。因此,导游应把握自己,正确认识和处理物质需要与客观现实的关系。

2. 正确处理索取与付出之间的关系

一分耕耘,一分收获。要有所得,就要先付出。需要的满足也遵循这一条规律。例如,要满足自己自尊的需要,首先要付出爱心;要满足自己社会交往的需要,首先就要具有诚实善良的态度。人要想从社会和他人中取得某种物质的和精神的东西,就必须对社会和他人承担一定的义务和责任,这是一种对应的关系。一般地说,付出与索取是成正比的,付出多,收获也多;付出少,收获也少。我国社会主义的劳动分配原则是"多劳多得",从需要理论上看,这正是人们对满足自己需要应持有的原则和态度。因此,导游必须分析自己,正确处理付出与索取的关系。如果处处患得患失,其结果自己的需要也得不到应有的满足。

3. 正确处理自身需要与他人需要之间的关系

人们的需要有共同之处,但又充满个性。需要的个性特点,使人总是从自己的心理需求出发,去追求某一事物或萌发从事某一活动的动机,或避开某一事物,或停止从事某一活动的动机。需要是通过行为达到满足并表露出来的。人正是通过对别人的行为的考察,来判断他需要的内容,并判断是否影响到自己需要的满足。

在旅行中,如果导游和游客都想满足自己的需要,当两者的需要不一致时,便会出现矛盾。导游与在工作中接触的其他人之间,同样也会出现这种不一致。一般地说,如果影响到自己需要的满足,人们往往会采取相应的行为,其结果有可能会使矛盾进一步扩大。因此,导游必须从工作出发,认真考察和分析游客的需要,把满足游客的需要放在第一位,并尽量或最大限度地满足其需要。同时,对自己的需要加以调节,或推迟满足自己需要的时间等。这是导游在工作中必须做到的,也是旅游服务工作对导游提出的要求。

(三)建立可行的需要原则

人的需要是不断发展的、动态的,永远不会停留在一个水平上。然而,由于存在各种制约因素,满足需要只能是相对的。为此,导游应努力使自我需要与客观存在诸因素相和谐,并善于利用自身的调节机制,以求得心理上的平衡。导游需要自我调节以下三个原则:

1. 服从国家、集体的原则

人生的价值不在于一味满足自己的需要,而在于为国家、为集体作出奉献。当国家需要、集体需要和个人需要三者之间发生矛盾时,个人服从国家、服从集体,这是导游正确对待个人需要的基本原则。

从需要理论上看,个体的需要往往会与国家和集体的需要发生矛盾。这是因为,人既具有自然属性,又具有社会属性。人为了生存与发展,就必然追求一定的事物,满足自己的需要。同时,又必须付出一定的劳动,并建定一定的社会关系。这种社会关系维持着社会的存在和发展。在劳动中人与人之间结成的社会关系是一种客观存在,打破了这种客观存在,社会发展就失去了正常的秩序。但因为个性、社会需要与个体需要之间的差异以及个体对客观存在的适应能力等原因,个体的需要往往与社会的需要之间产生矛盾。然而,社会需要是在个体需要的基础上抽象出来的,最终还是为个体需要服务的。因此,个体需要的满足有赖于社会,离开了社会需要,个体的需要就失去了合理性,也难以实现。实际上,这是客观对主观,或者说是社会对个体提出的要求。

一般地说,凡是符合自然和社会发展规律的个人需要就是正确的和合理的,相反则是不正确的和不合理的。由此可见,自觉服从国家、社会和集体的利益,不仅是导游应有的政治觉悟,也是社会发展以及个体生存、发展必须要适应客观规律所决定的。为此,导游应从国家、集体、社会、个体等多方面去认识个人的需要,不去强求不现实的个人需要,并主动为国家、集体分忧,从而正确、合理地满足自己的需要。

2. 不断调节的原则

自我实现是人最高层次的需要,是一种精神上的需要。马斯洛"需要层次理论"的局限性之一,是强调了个人的需要,而忽视了人的高层次需要对低层次需要的调节作用。

一般地说,高层次需要的追求和满足与人高尚的、正确的目标相联系,其行为往往有益于公众的和社会的效果,因而也会导致人具有伟大、坚强和真实的个性。从某种意义上说,精神的调节作用是无限的。因此,树立正确的理想、志向以及荣誉感、成就感,在同时发生多种需要时,有助于抑制自己不适当的动机,并选择正确的和有利于社会发展的需要。同时,坚持高层次需要对低层次需要的不断调节,也是实现自我心理平衡的重要和有效的方法。

3. 需要互补的原则

在工作和生活中,人们完全满足不了自身的需要,就会心理不平衡。但一种需要失掉了,另一种需要却得到满足,即此处有所失,彼处有所得,人们就能够保持相对的心理平衡。不同层次的需要是可以互相弥补的。例如,导游由于外出陪团,家中的病人得不到照顾,但因为努力工作,受到了旅行社及游客的高度赞扬,心理上也会获得一种平衡。导游应善于寻找这种弥补的机会,求得心理上的平衡。

第二节　导游员的动机与自我调适

一、动机概述

(一)动机、内驱力和诱因的定义

1. 动机

动机是激发个体朝着一定目标活动,并维持这种活动的一种内在的心理活

动或内部动力。

2. 内驱力

内驱力是由生理需要引起的。推动个体为恢复机体内部平衡的唤醒状态叫内驱力。

3. 诱因

诱因是引起有机体的定向活动,并能满足某种需要的外部条件。

(二)动机的种类

1. 生理性动机和社会性动机

(1)生理性动机:由有机体的生理需要产生的动机,这种动机又叫驱力或内驱力。

(2)社会性动机:以人类的社会文化需要为基础而产生的动机属于社会性动机。

(3)兴趣:是人认识某种事物或从事某种活动的心理倾向,它是以认识和探索外界事物的需要为基础的,是推动人认识事物,探索真理的重要动机。兴趣的品质主要包括兴趣的倾向性、兴趣的广阔性、兴趣的持久性和兴趣的效能。

(4)爱好:当人的兴趣不是指向对某种对象的认识,而是指向某种活动时,人的动机便成为人的爱好了。

兴趣和爱好都和人的积极情感相联系,培养良好的兴趣和爱好,是推动人努力学习积极工作的有效途径。

2. 有意识动机和无意识动机

(1)有意识动机:能意识到自己行为活动的动机,即能意识到自己活动目的的动机。

(2)无意识动机:没有意识到或没有清楚地意识到的动机。

(3)定势:是指人的一种心理活动的预先准备状态,它对人的知觉、记忆、思维、行为和态度都会起到重要的作用。

3. 内在动机和外在动机

(1)内在动机:由个体内在需要引起的动机。

(2)外在动机:在外部环境影响下产生的动机。

二、导游的动机分析

在旅游工作和日常生活中,导游会有各种各样的行为。研究导游的行为,必然会涉及两个问题:一是做一件事时,考虑为什么这样做,而不那样做,即行为的指向问题;二是他为什么一贯坚持这样做,动力是什么,即行为的持续问题。

需要是导游产生动机的原动力,欲望的不满足是激起导游作为的普遍原因。这是人所共有的、一致的、带有普遍意义的激起心理活动的动力。因而,导游的需要是动机的基础,是产生动机的直接原因。

凡是反映在导游的头脑中而引起的活动,并指引活动去满足某种需要的东西,都可以称之为导游的动机。不同性质的动机对导游具有不同的意义,因而对导游的行为便具有不同强度的推动力量,对行为的方式、结果都有决定性的影响。

(一)导游产生动机的条件

人有多种多样的需要,因此,人的动机也便有多样性的特点。我们知道,人的需要永无满足,但并非所有的需要都能够得以满足,因此,人的需要要引起活动,必须具备一定的条件。当某种需要的满足根本不具备条件时,人的动机便无从产生。

一般地说,导游产生动机与以下三个因素有关:

1. 与活动相应的能力

正如在解决了温饱问题后,人们产生了更高层次的需要,这是因为人具有了相应的能力。当一个人大学毕业后,他具备了一定的导游工作的能力,因而便有从事旅游活动的动机。正如具有表演才能想成为舞蹈家一样,而残疾人一般不可能产生登台表演舞蹈的动机。这告诉我们,任何活动都以具有一定的能力为前提条件。当然人的能力具有个体差异,并与先天素质和后天教育密切相关。需要、能力、动机三者之间有一个定向反应。导游的动机总是指向他所具有的能力的方向,当他具备了某些方面的能力时,便产生从事这方面工作的动机。当一个导游工作多年后,他的能力会向多方面发展,因而他也会产生多种动机。

2. 与活动相应的客观环境

任何一种活动都离不开特定的环境。因此,导游在从事旅游活动中,他的心理趋向就不可能不受环境的影响。这种环境包括三个方面,一是国际形势对整个世界旅游业所产生的影响。当世界形势持续稳定时,旅游业也会持续发展,从而成为欣欣向荣的行业。此时,许多人便会踊跃投身这一行业。身在这一行业中的导游也会珍惜自己的职业,从而产生更加努力工作的动机。同时,国际旅游市场的繁荣也会给导游提供更多的实践机会和收入,并且不断提高其从事旅游工作的能力。二是国内旅游市场为旅游业发展提供了有利条件。国际、国内旅游市场密切相关,国际旅游业繁荣会促进国内旅游市场进一步发育;国内旅游市场的完善则会保证导游从事旅游活动的顺利进行,从而更进一步激发导游工作动机的强度。三是旅行社为其创造的氛围。旅行社为导游创造的氛围可称"目标引力",但环境有时是有益旅游活动的环境,有时是不利于旅游活动的环境,每一位导游对客观环境都会表现出不同程度的适应能力。例如,某旅游地条件比较差,甚至不具备必要的条件,但有的导游可以克服困难,比平时更加倍地为游客服务,以弥补条件的不足,而有的导游可能会产生放弃主观努力的动机。因此,环境对导游动机的产生还取决于导游个体的心理素质。

3. 与活动相应的对象

导游有能力,有了适宜的环境,导游的需要是否可以转换为活动的动机呢?还是不行。因为活动永远是对象性的活动。在旅游活动中,对象主要是指与旅游活动相关的客体。显而易见,如果国际、国内局势不安定,或导游所在的旅行社整体形象不佳,促销不利,生意萧条,导游工作的需要再强烈也没有用。因为旅游活动是一种整体的行为,一个人的力量在其中往往是微不足道的。如果整个大气候不利于旅游活动,个人只能是干着急而无计可施。但此时导游的工作动机是不是终止了呢?不会的。人的需要永不满足,而人的动机也会不断产生。此时导游会产生其他的动机,如学习或从事其他的工作。个体适应对象和适应环境一样,也具有明显的个性特征,也会因人而异。例如,在旅游淡季,有的导游产生再学习的动机,有的导游则从事第二职业等。另外,导游的动机在不同的阶段,也会有差异性。实际上,随着客观存在的变化和需要的满足,人的动机也在不断发展变化,并不断选择出新的活动对象。

上述导游的需要转化与动机的三个条件是相互联系的,二者缺一不可。但条件是相对的,导游对上述条件的适应也是相对的,都具有个性色彩。

(二)导游动机的分类

在旅游实践中,导游动机产生的条件是在不断变化的。因此,人的行为可以因时、因地、因所处的环境(情境)和个体内部的身心状况而表现出不同的反应。实际上,个性发展的动力就是人在活动中不断变化的需要与满足这些需要的实际可能性之间的矛盾。因此,一个人只要去活动,就一定会产生各种各样的动机。动机有多种划分。一般地说,按照在活动中所引起的作用的大小,动机可分为主导动机和辅助动机。所谓主导动机,是指最强烈、最稳定的动机。主导动机由人们的中心需要产生,对其他动机具有制约作用。辅助动机是处于次要地位并为主导动机服务的动机。按照社会意义,动机可分为正当动机和不正当动机。凡有利于国家、社会、企业发展进步的动机称为正当动机,相反则为不正当动机。根据旅游的工作特点以及动机与导游实践活动的关系,我们把导游的动机划分为以下两类。

1. 目标性动机

人的行为不是盲目的,不仅有起因,而且有目标。导游的目标性动机与其自然需要、情境的变化等没有直接联系,而与自身动机产生的动力相关。例如人生观、价值观等。因而,导游的目标性动机往往是通过理性认识而形成的。如为维护旅行社形象,自觉克服自己的不良习惯,宁可自己少休息多辛苦,而为游客提供周到的服务等。但由于人生观、价值观不同,人所追求的目标也会因人而异。有时人的行为在第三者看来是不合情理的举动,而对于他本人来说,却是合乎目标的。例如,有的导游为游客提供周到的服务,是为了维护旅行社信誉,为了给旅游事业增添一份力量,而有些导游的意识里,是为了给自己争得面子或者争得多一点收入。两者在为游客提供服务水平上,可能是一样的,但目标不同,动机也有很大的差异。目标性动机往往是持久性的。在其目标达到之前,行为一般不会终止。有时候可能会改变行为的方式,但行为动机仍会指向既定的目标。

2. 随机性动机

此类动机的产生与两方面有关:一是客观条件。客观条件在不断变化,外在的条件亦可影响内在的动机。例如,对外联络上受到应有的肯定和表扬,从而积极性高涨,相反,成绩没有得到应有的肯定,自尊心受到伤害,从而转向消极。另外,导游的年龄、工作环境、生活需要等,也会使导游改变动机。二是与导游情绪和兴趣有关。一般地说,导游的情绪高涨,便会产生积极的动机,相反则会产生消极的动机。在客观存在直接影响到导游的主导动机时,甚至还会引起激情。兴趣对人的动机的产生有着很直接的作用。在许多情况下,导游动机的产生是由自己的兴趣所致。人类与动物的很大区别之一是,人类的行为可以通过学习和训练而改变。因此,随机性动机表现出动机的可塑性的一面。

(三)导游动机的一般特点

由于职业、知识结构、历史及社会环境的影响,导游员动机呈现出多种特点。概括起来,主要有以下三点。

1. 潜伏性特点

在意识作用下,人的动机具有潜伏性。为达到目的或满足自身的需要,有时人会将自己的动机隐藏起来,不易被人直接觉察。动机这一特性在导游身上比较突出。这是因为,现在大多数导游都是20世纪80年代之后的青年人,目前我国正由计划经济向市场经济转轨,导游是我国对外开放以来最早接触国外市场经济的人员之一,因而导游对市场经济感触很深,接受也快。这样的经历相处于这样一个变革时期,导游自身的理想与现实、政治目的与经济利益、需要与可能、个人与集体等,都会产生或存在着这样或那样的矛盾和差别,也有着自己独特的、复杂的特点。由于外事纪律要求和客观环境的影响与制约,也由于导游的知识结构较高,导游很善于将自己的动机潜伏起来。

2. 矛盾性特点

在动机体系中,有些动机是相互矛盾的,是不可调和的,需要取舍。例如,在陪团中,游客给的小费要不要?我国旅游业有明确规定,导游不得收取小费。如果收取小费,符合个人的利益,甚至可以用符合国际旅游服务行业的通行做法的理论佐证。然而,这显然与国家有关规定不相符。如果不要小费,从个人角度说,眼看唾手可得的利益就会跑掉。这便使导游两种不同的动机处于矛盾之中。由于导游工作的特点和心理活动的复杂性,在工作和日常生活中,导游的动机常常相互矛盾。例如,经理交代了工作,而这一工作又可能会影响到自己的各种利益,怎么办?在陪团和日常生活中,有些事可做可不做,怎么办?凡此种种,都反映了导游动机矛盾性的特点。

3. 持久性特点

动机不是在头脑中的静态意向。因此,动机一旦形成,必然会导致行动。一般地说,大学毕业到旅行社工作几年的导游自立能力较强,动机一旦形成,他可能选择各种方式方法去实现他的目的。尤其是主导动机的选择,对于知识层次较高的导游一般不是轻易做出的,而是根据当前一个时期的情况变化以及自己的实际情况而做出的决策,它往往与个人较为切实的需要、荣誉感和目的等因素紧密联系在一起。因此,导游的动机形成后,往往比较持久,同时还可能把动机付诸行动。

三、导游动机的自我调节

导游最主要的任务是为游客提供各种服务。旅行自身的特点,使导游为游客提供服务成为一个复杂的过程。说它复杂,不仅在于这一活动具有连续性、流动性、严谨性,还在于在从事这一活动过程中会包含导游的感情色彩。因此,在旅游活动中,导游的动机会受到来自内部和外部的干扰,也往往会具有感情所特有的易波动性和模糊性。正是由于动机的这一特性,导游的行为在意外情况下往往受到影响,甚至导致已确立的正当的主导动机出现暂时性中断。动机虽然受环境制约,但动机是人基于自身的需要和愿望,是人有意识的主观的心理构成物,因此,寻找动机的自我调节规律,做意志上的努力,适时进行自我调节,是可以有效强化高尚、正当动机,抑制和转移低级、非正当动机的。

导游动机的自我调节一般从以下几个方面进行。

(一)主导动机对其他动机的抑制

每个人都会有多种动机,这些动机构成一个人的动机体系。其中,主导动机是人的动机中最强的动机,因此主导动机又称为优势动机,在动机体系中处于支配地位。其他动机则处于从属地位,称为辅助动机。一般地说,主导动机驱使行为并达到目的,会使人产生积极的情感。主导动机受到挫折,则会使人产生消极的情感。但在特殊情况下,辅助动机受到挫折并直接影响到主导动机,也往往会导致人们产生消极的情感。导游了解这一心理过程,可以正确地把握自己。首先应确立一个高尚的、正当的主导动机。其次,应排除各种干扰,从不同角度不断强化占有优势地位的主导动机。实践证明,坚持主导动机对其他动机的抑制,可以有效地使人保持心理平衡。

(二)主导动机从总体上对各种心理活动的协调

旅行活动是一个不间断的完整过程,这一过程又由一系列相对独立的局部活动所组成。处理好总体与局部的关系,是导游做好工作的重要内容。从人的心理活动看,占有优势地位的主导动机的确立,并非处于从属地位的辅助动机不再存在,因为,复杂的活动通常不只与一种需要相联系,而是同时与几种需要相联系。因此,导游在处理局部工作时,应从总体上坚持把握大局,并不断对自己的各种辅助性动机加以克制,避免其干扰或影响主导动机,从而导致对旅游服务工作的大局失控。例如,导游与游客产生了纠葛,自尊的需要未得到满足,此时如果导游不对心理活动加以必要调节,就会干扰带有感情色彩的主导动机,从而影响到陪团活动的全局。

(三)继发动机对始发动机的调节

始发动机是指最初激发从事某种活动的动机。继发动机是指被始发动机激发从事某种活动后，不断补充新的动力以保证活动深入展开的动机。始发动机与个体的需要、素质、活动对象等相关，具有强烈性、冲动性特点。然而，始发动机再强烈，如果没有继发动机补充新的动力，也不会维持长久。但是，始发动机和继发动机之间往往会产生矛盾。这是因为，动机与目的相互关系上是复杂的。

例如，动机与目的有时是一致的，有时动机却是为了间接的目的，具有不同的心理内容；同一种动机可能会体现在不同的目的之中；处于优势地位的动机并非都能达到预定的目的等。当继发动机在新的情况面前，从更贴近实际的角度发现始发动机与预定的目的不合时，便会对始发动机进行新的定向。例如，年轻的导游刚参加工作时踌躇满志，为自己的前景勾画了一幅宏伟蓝图，并产生成名成家的始发动机。但工作一段时间后，客观却需要他扎扎实实做好普通的接待。接受了这种信息反馈后，始发动机则会承认自己初始的偏差，并进行调节，从而将之纳入新的总体规划中去。这实际上是主观意愿对于活动对象客观规定的尊重乃至屈从，是一种积极的调节。

导游应善于遵循这条心理活动规律，在工作、生活发生变化的情况下，对自己的始发动机进行必要的抑制，并对心理活动进行自我调节。实际上，在人的一生中，这样的情况是经常发生的，如果不善于寻找规律并进行自我调节，就会造成主观心理与客观存在的失调，从而导致心理不平衡。

本章小结

需要是人的积极性的源泉，而动机则是引发和推动行为的内部驱力。所谓“贪心不足蛇吞象”，是指当人无法控制自己的需要与动机时的作为，而“知足常乐”，则反映的是对自己的需要和动机适当调节的所得。作为有理性的人，学会对自己的需要和动机进行自我调适，这对于保持自己的身心健康、增强个人的幸福感、成就感都有重大的意义。

思考题

1. 什么叫需要？什么叫动机？它们对人的心理和行为有什么作用？
2. 导游员的需要主要包括哪些？有何特点？
3. 导游员应如何对自己的需要进行自我调适？
4. 导游员的动机可分为哪些类型？有何特点？
5. 导游员如何进行动机的自我调节？

心理游戏

需要动机链

一、游戏目的

让学员变通思维，并使他们明白不同个性的人，会有不同的思维方式。

二、游戏规则

用不超过四条彼此连接的直线通过以下9个区域。

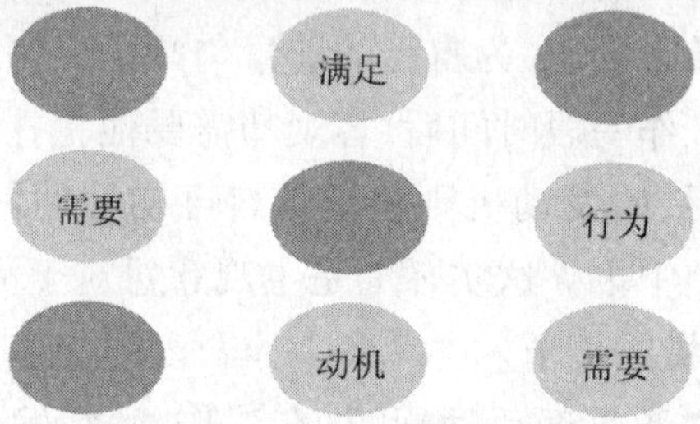

三、注意事项

本题是“走出9点”游戏的简单创新，可以提示成员，要会走出自己的思维框框，同时通过这个图加深对需要动机链的理解（需要—动机—行为—满足—新的需要）。

第六章　导游员的角色与压力

培训重点

- 掌握压力与健康的关系
- 了解导游员角色的压力源
- 学会应对工作和生活压力的技巧

第一节　角色、角色扮演及其调适

“角色”本是戏剧中的名词,指演员扮演的剧中人物。社会角色是指在一定的社会关系中,组织系统内、外的相关人员,对某一职位所赋予的一系列期望,包括角色知觉、角色规范、角色期待。

一、导游员的角色扮演

社会规定了个体在扮演某一特定社会角色时所应有的行为,个体只要扮演了某一角色,社会或团体中的其他人将以该角色所应具备的角色行为标准来评价他的行为。随着人们生活水平的提高,休闲时代的到来,人们对旅游的需求越来越旺盛,要求的服务质量也越来越高,导游员在其中扮演的角色日益重要。根据行业与顾客对导游员角色的期待,导游员除了扮演服务员的角色外,还需要扮演的角色有:组织者、传播者和领导者。根据社会生活对导游员角色的期待,导游员还要扮演父母、子女、恋人、朋友等社会角色。

二、导游员的角色冲突

当一个人生活在一特定的社会环境中,或加入特定组织后,对其所属的组织或环境不能认同，不能胜任工作，个人表现与组织的要求不一致，或有一些不利因素干扰角色任务的运作，致使个人陷于无所适从之困境，即称为角色压力。角色压力的三个重要概念如下。

（一）角色混淆

角色混淆指个人无法获得一个明确清晰的角色期望，或因角色期望无法一致时而产生的混乱。当导游员对自己充当的角色把握不准或缺乏真正理解时，便会产生无所适从的困惑和犹疑，或者是周围很多人对导游的工作提出了完全不同的期望和要求，以致造成进退两难的尴尬境遇。这便引发了导游员的角色混淆和角色冲突。

（二）角色冲突

角色冲突指个人经常被要求扮演与其价值系统不一致的角色，或同时扮演两种乃至两种以上互相冲突的角色。导游员在工作和社会生活中扮演过多角色时，易引发角色冲突。

（三）角色过度负荷

角色过度负荷指个人肩负的工作角色承担他人过多的要求，超过所能承受的心理负荷。要求过多包括要求的事项范围及要求的水平。在接待客人过程中，导游员既是领导者、组织者、教育者、传播者，同时还要帮助处理客人旅行中的琐事，扮演保姆等角色。

三、什么是心理调适

当心理压力影响了正常的生活、工作，或者有损当事人身心健康时，就需要进行调试。调适是指改变或扩大原有的知识结构，以适应新情境的历程。心理调适就是根据发展及环境的需要对心理进行控制和调节，从而最大限度地发挥个人的潜力，维护心理平衡，消除心理问题，提高工作效率。

第二节　压力及纾解压力的方法

压力是造成身心疾病的主要原因之一，是影响人们心理健康最主要的因素。在日常生活中，我们每个人都会不同程度地感受到心理压力的存在。过度的心理压力会影响一个人的精神面貌，使人看上去无精打采；会破坏一个人的生活情趣,使人觉得周围的事物都没有什么意思;会损害一个人的心理健康,乃至整个机体的有效运作;会影响一个人的生活意义和生活质量。

一、压力的概念

压力是一种持续存在的消极情绪体验。情绪的产生必须具备两个条件:一是引起知觉的刺激情境,二是个体对刺激的认知,二者兼备时才会产生情绪。以路遇暴徒产生恐惧情绪为例,如果当事人认识不到暴徒的威胁性,不会产生压力,也许个体确知暴徒具有威胁性,但如果他的能力和经验足以对付,也不会构成压力。只有当事人既认识到生活情境中存在着对自己具有威胁的刺激,又认识到个人条件无法将之消除,只得任其存在时,才产生压力。如借贷无力偿还者,在面对债权人限期归还的威胁时,就会产生压力。像这种长期处于威胁性刺激情境下的当事人,由刺激情境引起的情绪状态一直不能恢复平静,具有威胁性的刺激情境成了他生活中长期存在的事件,此种事件随时使他心理上感到很大的压力,这就是所谓的心理压力。简言之,心理压力就是个人处在威胁性刺激情境中,又无法消除威胁、脱离困境时的一种被压迫的感受。

二、压力的来源

在现实生活中,由生活事件所形成的心理压力多种多样。有人因上进不成而有压力,有人因健康不佳而有压力,有人因夫妻不和而有压力等。归纳起来,心理压力的来源主要有以下几个方面。

(一) 生活改变

生活改变是指个人日常生活秩序上发生的重大变故。这里生活改变主要是指生活中带给人们负面情绪的事件而言的。

(二) 生活琐事

烦心的生活琐事,日积月累也会给人造成压力。所谓生活琐事指的就是日常生活中经常遇到且无从逃避的琐事。此等琐事的严重性均不足危害于人,但积累的结果,就会对人的身心造成不良影响。日常生活中造成心理压力的琐碎事件主要包括家用支出、人际关系、身心健康、时间分配、生活环境及生活保障等方面。

(三) 心理挫折

人们在日常生活中,随时随地都可能遇到挫折情境,因而产生挫折感。因挫折情境对人的阻碍,使人的生活目标无法达成所产生的挫折感就属于心理压力。

(四) 心理冲突

冲突是一种心理困境,而此种困境的形成,乃是因个人同时怀有两个动机而无法兼得满足所致。人在现实生活中经常会遇到需要个人作出选择判断的问题,在选择判断时,有的重在感情,有的重在理性,更有的患得患失,不得不考虑利害关系。这种日常生活中在所难免的心理冲突也会构成心理压力。

三、导游员的压力分析

(一)工作压力

导游工作强度之大,甚于一般的行业。与一般人"朝九晚五"的工作时间不同,在带团期间,工作时间的不固定性决定了工作强度的不确定。导游一旦上团,基本上是24小时全都在工作,白天照顾一团人的饮食、交通、游览、娱乐,晚上安排好住宿后,还要去查房,还要应游客的要求陪他们逛商店。有时可能要处理一些突发事件,比如遇到客人生病得帮忙找医生,或宾馆房间不够,自己只能另找住所等,甚至客人行李箱打不开、没地方晾晒衣服也要找导游。至于家在当地的导游,旅行社为了降低成本,几乎都不会安排住宿,导游还要来回奔波于酒店和宿舍之间,更要晚睡早起了。

一般人工作8小时以外的时间完全是自己支配,但是导游不行。一般情况下,导游比客人至少要早起半个小时,晚上十一二点钟客人睡了后才能休息,有时一天只能休息三四个小时,精力、体力的消耗常常达到最大值。几乎每个导游都有胃病,上团经常吃不上饭,夜深人静,当游客睡在梦乡的时候,他们也许还在工作。

我们可以比较具体地从以下五个方面作较为详尽的阐述。

1. 工作时间上的压力

超负荷工作,得不到理解与支持,也得不到合理的物质回报。导游员的工作持续时间一般比较长,因为只要接了团,通常是十几小时不分上下班的,有时一个团刚带完,另一个团接踵而至,而全陪长达十几天的连续工作更是经常的事。曾有导游员报怨,旅游旺季他们都是"超负荷"工作,一个月有一天的休假成为"很奢侈"的要求。

2. 用餐方面的压力

带团过程中,导游的饭公司是不安排的,遇到客人包餐了,餐厅能送导游和司机两三个小菜。旅游价格低自然会使各项服务标准的降低,饭菜的标准也是有很大弹性的。由于餐标实在是很低,菜的质量当然无法保证,于是导游得不断去处理各种各样的问题。

3. 安全方面的压力

首先是来自自然环境的危险压力。风景绝好之地,一般都是比较危险的地方,导游员亲自带领游客前往越"自然"的景点,去的次数越多,发生危险的可能性也就越大。其次是来自交通工具的风险压力。由于导游员在车上的工作时间比较长,也就导致其发生车祸的概率远高于常人。导游员通常是坐在副驾驶的位置上,但多数旅游车的副驾驶没有安全带,发生车祸的时候,导游员的风险系数高于客人也高于司机。尽管导游员乘车的风险很高,但一旦出现车祸,他们的安全利益却无法得到保障,一是保险公司没有开发适合导游员购买的险种,二是旅行社没有给导游员买保险的习惯。最后是来自工作中的骚扰和危险产生的压力。年轻的女性导游员很容易受到客人或司机的性骚扰,还有在客人同当地人发生冲突的时候,导游员的人身安全往往很难得到保障。

4. 工作内容的压力

琐碎的工作给导游带来巨大的压力,这里以一个极为简单的两天流程为例,来阐述一下导游工作的内容。

接受任务→研究接待文件→准备接团资料→领取有关票据及资金→核实抵离时间→了解酒店、用餐情况→联系司机→提前到达机场、车站欢迎旅游团→进行沿途风光讲解介绍→安排用餐或参观游览→购买景点票据→进行景点讲解→回答游客问题→下一个景点→协助安排购物及娱乐活动→再用餐→回到酒店→安排住宿事宜→预定叫早服务→开始第二天行程→行程结束的总结→清点机、车、船票→准时送至机场、车站、码头→办理各种手续→整理各种票据→回公司报账。

在讲解和导游的过程中,导游不仅要保证计划时间内能充分游览和观赏,还要做到讲解与引导游览相结合,劳逸结合,还要随时清点人数,注意旅游者的安全。这里只是列举了一个极为简单的两天流程,许多团队流程远比这个复杂,其间出现任何一种情况,整个工作流程就会被打乱,导游工作的复杂性就会成倍地增加。比如游客迟到、走失、受伤生病、行李物品丢失、宾馆提供太多的大床房、用餐不满意、汽车空调不好、交通阻塞、飞机误点、旅游车不能准时到达等。无论哪一种情况出现,都是对导游的挑战,而且每次事情的发生往往都不会只出现一个问题，通常是几个难题一起出现，导游的工作强度可想而知。

5. 同行压力

激烈竞争所带来的同行之间的猜疑、妒忌，同样会对导游人员产生压力。

（二）社会压力

一些导游员职业道德修养差、法律意识淡薄，出现欺骗、胁迫旅游者消费，侵害旅游者的合法利益等现象，导致社会对导游这一职业认同度不高。在公众认知中，导游从宰客中获得巨额的回报，是最大的受益者；业界人士则深知导游私拿回扣有其被动的原因，承受着巨大的心理压力，他们常常在金钱与良知之间徘徊。邬敬民的《让我如何不宰你》和媒体屡次报道的导游与游客冲突事件，以两种极端的形式将导游的心理压力问题凸显出来。除了承担由于自身工作失误造成的后果外，导游员常常不得不代客人、旅行社、购物点、同行受过，承受着巨大的社会压力。

（三）生活压力

导游的收入主要来自于增加自费景点、进店购物的回扣和逃票等“灰色”收入。收入的多少，与导游的“能力”、淡旺季、出团率、旅游线路和运气有关，且非常不稳定。导游借此“灰色”收入维持生活，而在其他人心目中，这些“收入”却往往跟不正当收入、黑心钱联系在一起。这些都给导游造成了一定的心理压力。

大多数导游虽然挂靠在旅行社，可旅行社并不负担导游的养老和医保等社会保障，还要导游缴纳管理费、培训费、人头费等。导游长年累月带团奔波风险极高，又无基本工资，每当淡季来临，又面临“暂时性失业”。

（四）精神压力

1. 大环境造成的精神压力——竞争态势

在经济大潮的冲击下，在消费水平的不断提升中，在旅游业激烈竞争的浪涛前，越来越大的压力落在了导游的身上。旅游行政部门的严查严管、旅行社精益求精的接待要求和附加的不尽合理的条件，以及旅游行政管理的相关法令法规，给导游带来了更大的精神压力。

各旅行社在招聘导游员时把有无带团经验列为很重要的条件，派团时也尽量向老导游倾斜，新手别说独立带团，就是跟团机会都没有。交代任务时，旅行社又唯恐导游服务不到位，于是百般挑剔，造成导游心理压力很大。

2. 游客日趋丰富的旅游经验造成的精神压力——服务压力

另一方面的压力来自游客，随着旅游法规的不断健全，旅游者自我保护意识不断增强，出现了极个别游客维权过当，把旅游投诉当成达到个人目的的“武器”，稍有不满就进行投诉，而由此造成的后果又由导游员个人承担，造成导游停团、下岗，甚至还要代垫由投诉引起的赔款。这是极其不公平、不合理的。

3. 旅行社不正当竞争造成的精神压力

旅行社为争市场而不惜大幅度降低价格、紧缩成本，为求利润便从地接各处开刀，导游便是第一个牺牲品。

4. 新闻媒体造成的精神压力

个别导游的越轨行为带来的游客投诉、旅行社的批评和行政部门的制裁，往往在大众当中产生以点带面的宣传效应。社会舆论对导游的歧视、对导游言过其实的批评，对导游来说，是一个无形和巨大的精神压力。

5. 导游职业生涯缺乏规划造成的精神压力

导游工作，尤其山岳型导游，需要付出很大的精力和体力。每天重复同样的路线和同样的话，旺季来临不能按时吃饭睡觉是常有的事，工作性质决定从业者要有旺盛的精力和强健的体魄。我国导游从业人员年龄大都在 20 ~ 35 岁之间，年纪稍大些就不适应此项工作，尤其是女导游，有了小孩后纷纷转行从事其他工作，其职业性质决定了它是青春短暂的职业。

整体素质不高，不仅是游客对导游行业的普遍印象，就连一些导游也对这一职业缺乏认同。绝大部分从业者都将导游作为过渡性的工作，不少人认为做导游是吃青春饭，但实际上，在欧洲北美等旅游业发达地区，有相当多的“银发导游”。做导游熟练的技巧、渊博的知识、成熟的性格、得体的谈吐以及处变不惊的能力，都需要时间的打磨和风雨的历练。

社会的不断进步，经济的飞速发展，使人才流动的频率加大，人们的择业观念也在不断变化，年轻人大多不愿意终身在一个单位工作。导游工作的职业特点决定了大部分人都不可能把导游当做终身职业，而现行的制度决定了导游人员一旦离开旅游业，即使是特级导游，进入与旅游业密切相关的其他行业，都不得不从“初级职称”从头开始。

旅游行业中没有形成一股主流精神，导游难以在自己从事的工作中寄托事业的理想，实现人生价值也就无从谈起。从事不稳定的工作，就不会有长久的生涯设计。对于导游来说，旅行社和导游职业没有什么归属感，社会的负面评价越来越大，个人高层次动机无法得到激发，相当大一部分人要面临再次择业的问题。导游等级制度与我国职称制度完全脱钩，使导游走向职业化缺乏内在的动力和外在的环境。

四、心理压力与健康

(一)生理影响方面

当我们面临和承认心理压力时,我们的身心系统会随之发生一系列的变化。这是人们在心理压力下为应付压力刺激所发生的自然反应。比如,当一个被陌生人跟踪的女孩意识到了危险,感到了紧张,就会心跳加快。心跳加快可以促进血液循环以便给肌肉和大脑输送更多的能量,从而使人更有力量。这也就是人们在紧急情况下,表现出超乎寻常力量的原因。比如,人在救火时,会抬起平时根本抬不动的物体;人在紧急情况下会比平时跑得更快。

这种超常表现,是由于人们把身体及心理的能量积聚起来应付压力事件的缘故。但是,人的这种压力状态不能持续太久,人体内没有取之不尽的动力源泉。如果人所承受的心理压力过多、过久,储备能量就会大量消耗,从而降低人抵抗疾病的能力,影响人的身体健康。研究表明,频繁的应激反应,会影响机体免疫系统功能。带团过程中经常面临的突发事件,导致导游员应激水平长期偏高,并产生诸多生理上的消极反应,表现出疲乏、失眠、头痛、胃肠功能紊乱、胸痛等症状。

压力会引发各种不同的疾病,例如过敏症。很多人的过敏症不是原发的,而是因为压力来到,身体处在一种烦躁动荡不安的状态,本来没有过敏的也都过敏了。

压力会导致许多疾病,尤其是心脑血管疾病,几乎所有过劳死的病例,先前都有心脑血管疾病。因为工作长期的疲倦、劳累、不得休息,情绪上不能调节,以至于重大事件一旦来临,整个心脑血管疾病就爆发出来。

跟压力关系最大的是癌症,得癌症前六个月,几乎都有重大的压力事件发生。癌症复发的,也都几乎在半年或一年之间有重大事件发生。压力最普遍的现象就是加重消化系统的疾病。压力一旦无法转换,会从生理表现出来,现代文明病绝非单一因素所造成,与病毒或细菌无关,所以用抗生素是没有用的。

糖尿病、心脏病、高血压、癌症、气喘、过敏,引爆点就是压力,跟饮食习惯、生活习惯、生活环境息息相关。它是一个长久累积形成的病态体质的显性表现。

(二)心理影响方面

导游员的心理压力直接来源于压力源,在压力源的作用下,导游员会表现出心理紧张。长期心理压力引起的负面情绪反应,是形成心理适应困难甚至心理疾病的原因之一。

导游员的心理压力的反应有下面一些表现:心理焦虑、精神紧张、情绪紊乱、身心疲惫、行为懒散、工作疲劳等问题;人际关系紧张,不良个人品质。导游员职业倦怠在心理上的表现主要有对导游工作不满意,自尊水平下降,出现抑郁、易怒、焦虑、无助感,缺乏安全感等。

(三)心理压力带来的后果

心理压力会严重影响导游员的身心健康并导致其行为方式发生变化,造成人际冲突增加,人际关系变得紧张,从而导致他们的生活质量降低。

心理压力会诱发其他导游员产生职业倦怠。部分导游员的职业倦怠,导致缺勤率上升,加重了其他导游员的工作量,无形中增加了他们的工作压力,从而诱发其他导游员产生职业倦怠。

心理压力会破坏旅行社和旅游目的地的形象和声誉。导游员的行为不仅是个人行为,还代表着旅行社和旅游目的地的形象,产生职业倦怠的导游员的消极行为会严重破坏旅行社和旅游目的地的声誉。

五、压力的纾解方法

任何人都会遇到压力,当压力处于适当的水平,对工作和生活会起到积极的作用。例如,一些运动员越是在重大比赛中比赛成绩越好,就与压力的激励有关。过度和持续的压力是无益的,会造成过度紧张、焦虑不安,影响正常水平、能力的发挥。应对压力的最佳办法是要有积极的态度,学习压力纾解的方法,尽量避免和减轻心理压力。

(一)不当的减压法

1. 寻求刺激或采取破坏性行为

有的人企图通过激烈的行为,对物体或对他人采取攻击行为来减轻压力。

2. 借助药物、酒精和烟草

借助它们,陶醉其中,可以让自己对压力的感觉钝化,获得短暂的解脱。目前,滥用药物最普遍的包括迷幻药、吗啡等。适度饮酒可以活络血脉,但酗酒却会造成酒精依赖,使判断变得模糊,降低反应能力,同时还会伤害大脑和肝脏。烟草不仅达不到缓解压力的作用,还会引起心血管疾病和肺癌等疾病。

3. 暴饮暴食

通过进食获得满足来代替压力所造成的不安全感。情绪处于一种极度紧张状态中，致使理智无法控制进食量，不知不觉造成暴饮暴食。

4. 疯狂购物

购物是有乐趣的一件事情，可以暂时忘掉压力，在一定程度上达到纾解工作压力的目的，但是引起压力的根源没有得到根本解决。

5. 逃避问题

有的人面对困难造成的压力，要么否定问题的存在，要么推卸责任，若无其事地生活。

（二）压力调节的原则

1. 认识自我，积极调整

正确认识自己，对自己的个性特点、能力特长、欠缺不足等“个人资源”状况，要有正确认识和估计。估计过低，失去信心，影响情绪和斗志；估计过高，易受挫折，导致焦虑和痛苦。另一方面，结合环境形势和自身条件，扬长避短，制定个人的目标和方向，经过努力，成功的机会较大，维护心理平衡和精神健康也有较大把握；相反，不顾个人实际能力、长短优劣和客观情况，志大才疏，好高骛远，则成功的概率就小，易受挫折，还会误认为“怀才不遇”，焦虑、抑郁频生，不利于心理健康。环境形势是不断改变的，个人的需求动机也会不断变化。主观愿望应当符合客观现实，必须尊重客观、尊重实际，懂得个人应当顺应情势，而不应强求环境社会迁就自我。树立正确的价值观，根据环境形势变化调整自己的需求和目标，选择适应现实的策略。一个尊重客观事实、善于调整自己的人，是比较容易保持心理平衡和精神健康的。

2. 换个角度看问题

能避免压力的人有个共同点，就是他们不管在什么情况下都能保持一种积极乐观的视角。当我们在认识、思考和评价客观事物时，特别是遭遇麻烦的事情时，要全面看问题。如果从某一角度来看，可能会引起消极的情绪体验，产生心理压力，这时只要能转换一个角度，常常会看到另一番风景。“塞翁失马，焉知非福”，“上帝为你关上一扇门的时候，必然为你开了另一扇窗”。

3. 了解压力源

到底是什么压垮了你？是工作，是家庭生活，还是人际关系？如果认识不到问题的根源所在，你就不可能解决问题。判断你能控制和不能控制的事情，然后把事情分开，归为两类，并列出清单，只要是自己不能控制的事情就由它去，不要过多地考虑，给自己增添无谓的压力。

4. 不必追求尽善尽美

追求完美是形成压力的来源。其实,完美并不存在,追求完美只不过是自寻烦恼罢了。完美主义者对人对事,都高标准、严要求,力争尽善尽美,即便做得非常出色,仍然不能满意。这样不仅使自己身心俱疲,而且也给同事、下属带来很大的压力,影响工作效率。凡事不必尽善尽美,其实就是给自己和他人留下一点儿空间。

5. 从容应对挑战

压力往往和挑战联系在一起,生活和工作中挑战无处不在,时刻处于应对挑战的人往往企图处处争先,事无巨细,就连在马路上骑自行车也不甘人后。对他们来说,一切都是竞争,非赢即输。你给别人留有余地,自己也往往更加从容。别人不再感到你对他是威胁时,他也就不成为你的威胁了。

6. 转移并释放压力

意识到压力存在后,专注做一些自己感到最开心的事情,比如适当运动、听音乐、看电影、散步、聊天等,你会感到很轻松,不知不觉就可以把压力释放出去。

7. 自我激励

回忆以前自己感到自豪的事件,记录所有的出色工作,并不时查阅回顾,一来总结经验,二来寻找自信。制订一些短期计划,使自己能得心应手地完成它们。

8. 不要把工作当成一切

当你的大脑一天到晚都在想工作的时候,压力就形成了。这时要分出一些时间给家庭、朋友,照顾一下自己的爱好。此外,适当的娱乐是减压的好办法。如果在工作中遇到批评,不要把受到的批评个人化,更不要把大会上上级提出的普遍问题硬往自己头上安,即使自己受到反面的评论,你也要把它当成是能够改进工作的建设性意见。

9. 学会休闲

现代社会充满竞争,很多人为了工作放弃了休息的时间,最终把身体压垮了,过劳死现象已不罕见。人们越来越需要真正意义上的休闲。规定出一个固定的休闲时间,将全部身心投入兴趣中,得到乐趣,暂时把工作统统忘掉。休闲的目的是更好地投入工作,投入竞争。学会休闲,多充实自己的精神生活,为漫长的人生不断加油。

10. 寻找乐子

笑是最佳的精神松弛剂,10 分钟大笑能使人全身放松 45 分钟,男子每天应笑

14～17次，女子应笑13～16次。当然，这种笑应该发自内心、自然坦诚。因此，应多与有幽默感的人接触，多看相声、小品、富有喜剧色彩的影视节目，主动求乐。

11. 换换环境

厌倦情绪是形成工作压力的罪魁祸首之一。如果你十分讨厌工作或工作结束时感到精疲力竭，如果工作中你没有感到有一种向上的动力促使你增进自己的业务技能，那还是趁早换一个对你来说更有意思的工作吧。疲劳，这正说明你的机体需要调整，坚持一段时间后便会慢慢适应，体能会逐渐增加，抵抗疲劳的能力会得到强化。

（三）缓解压力的具体做法

1. 行为治疗方法

（1）生理放松技巧

放松法是一种通过训练，有意识地控制自身的心理生理活动，降低唤醒水平，改变肌体紊乱功能的心理治疗方法。放松法假设只要躯体的反应改变了，情绪也会改变，通过人的意识来控制"随意肌肉"，间接地使情绪松弛下来，建立起轻松的心情状态。

进行放松训练时要有一个安静的环境，处于一个舒适的位置上，不要着急，不要害怕不同的感觉，注意培养一种静态的注意感，要先训练，再应用，具体方法有以下几种。

① 洗澡减压法

将身体完全浸泡在38℃～40℃的温水中，先让手松弛，轻轻浮在水面上，想象这种松弛上升到肘部，并沿着手臂、肩膀和背部上升直到头部。

②肌肉松弛法

室内温度宜舒适，在沙发上、床上或舒适的椅子上进行。找出自己肌肉紧张的位置，慢慢放松紧绷的部位，深深吸一口气，慢慢吐气的同时告诉自己完全放松了。

头部：皱前额，张大眼睛，张大嘴巴、舌顶住上牙齿，皱眉头、打开眉头。

肩部：耸左肩、耸右肩，耸双肩。

胸肺部：深吸气紧绷胸部肌肉，再慢慢吐气。

手部：手臂向前伸直并紧握双拳，左手慢慢张开并自然放下，右手慢慢张开并自然放下。

脚步：压脚尖、仰脚尖、用力推地。

背部:前弯、后仰。

③肌肉深层的放松法

哈佛大学教授本森(Ben Son)证实,做“自我扫描”、“自我暗示”及“深度肌肉放松”,对压力的纾解、降低血压及获得心灵宁静有莫大的帮助,其实施方法和步骤如下:

第1步,以呼气结合放松暗示。先深深吸一口气,慢慢吐气告诉自己会随呼气达到完全放松,同时把“内在压力”从吐气中排出。

第2步,身体的自我扫描,察觉肌肉紧张,并“借气排出压力”。集中注意力去发觉身体张力所在,每次吐气时去感觉压力从额头到脚趾释放出来。

头部:压力从头部释放出来。

肩膀、手臂:吐气时压力从手指释放出来。

胸部:吐气时压力从胸部释放出来。

臀部、腿部:吐气时压力从足部释放出来。

第3步,按摩想象。为达到深层松弛,可想象与大自然的微风、拍浪、退潮,轻松舒适如大自然一样的宁静,想象春风轻柔地吹拂每一寸肌肤。

第4步,将氧气带入“肾脏”、“肝脏”、“胆”、“脾”、“心脏”、“肺脏”,使滋润全身活力及增加“轻松感”。

(2)运动减压法

运动消耗体力,是人自然发泄的途径,运动之后,身体会恢复正常的平衡状态,会觉得精神放松,也会感觉补充了体力。运动还会提高肌肉的强度、韧性和弹性,改善心血管的机能,提高新陈代谢率,减少肌肉紧张度。

运动大体可分为有氧运动和低密度运动。有氧运动是使肌肉做持续而有节奏的活动,例如慢跑、打羽毛球、游泳和跳舞等。低密度运动是并不激烈或时间上并不持续太久的运动,以增加肌肉的韧性、强度以及关节活动能力,例如散步、打扫房间等。

以下是几种松弛神经的体操,可以作为繁忙工作中的减压技巧。

当你感动愤怒时,身体左右转动,心中缓缓数着数儿,跟着呼吸并进。

当你感到疲乏时,抬起下颚做收缩下颚的活动,并做深呼吸。

当你感动悲伤或受挫折时,不要弯腰抱头,这只会增加你的压力,应挺起胸膛,头向后抬起,并做脚部伸缩运动。

当你感动焦虑不安时,跳动身体,并左右摇动三分钟左右。

当你感到畏惧时，可揉捏膝盖，脚趾使劲抓地，并挺起胸膛缓慢深呼吸。

运动减压贵在坚持，主要有下列原则：合理利用时间进行身体锻炼；制定可以达到的目标；将长期的目标分解为多个短期的目标；尽量提供可以锻炼的进展报告；自我奖励；养成锻炼的习惯。

(3)游戏减压法

游戏减压法能提供一种宣泄的途径，帮助自我认识，也带来更多的自我主宰能力。游戏要从建立友善的关系出发，对参与者充分尊重，他们有选择游戏内容和方式的权利，采取完全接纳和宽容的态度。

运用时要注意以下几点：第一，是游戏的组织者是参与者本身，而不是其他外人；第二，不必挑剔其他具体的做法，可采取许多变通的做法；第三，多观察，多记录，不要去刺探隐私；第四，让受压者有充裕感，可自己主宰时间，轻松下来，从游戏中探索自身的“感受”。

2. 心理类的压力纾缓方法

(1)冥想法

早晨或傍晚选择一个较为安静的地方，避免外界干扰，坐在椅子上，把全部注意力集中在一个东西或一个字上，冥想 20 分钟。

也可以运用香水冥想法：给自己喷上香水，采用莲花坐姿，闭上双眼，集中精神，进入较深的意识状态，幻想自己在百花丛中，微风吹来各种花香，花园里有一条蜿蜒的小溪，小溪里飘散着各种各样的美丽花瓣。打开你全身毛孔，吮吸每一朵花香，感觉这股花香像一股气流，又细又长，慢慢地沉入你的丹田。想象这些花香作用于你的身体细胞内，产生活力和生命力。

(2)视觉放松技巧

视觉的作用，可引发紧张或者舒适。医学研究发现，当一个人处于开阔的原野、绿色的大地、壮阔的山林中，心理压力就会减轻。

绿色促进心灵宁静。绿色能促进身心的平衡及精神的集中。如果看到广袤的绿色原野、森林和流水，会产生心境平衡的效果，可消除“心理紧张”和“过大的压力”。绿色能治疗血压不稳定，可使心跳趋于正常，因此绿色可以减少心里的烦躁。

蓝色引导冷清思考。蓝色可让人产生冷静、沉着及心灵的平静。蓝色具有镇定作用，亢进的人可从中受益；可稳定血压，抑制肿瘤生长；可安定心灵并有助于沉思。在精神烦躁、气愤时，它还可发挥使心灵平静的效果。

(3)听觉放松技巧

音乐具有引导情绪的功能,因此人紧张时若有适当的音乐来引导,可清洗脑中的杂思,情绪必会随音乐的节奏而舒缓。1953 年后,音乐治疗被学校、医院及公共团体广泛采用。近 10 年音乐治疗的效果和行为、态度、压力改变的关系越来越受到人们的重视,它被广泛地应用于缓解压力、维护健康等方面。

(4)触觉上的治疗

人们生活在忙碌中,肌肉紧张,血管变硬,皮肤失去光泽,血液不流畅,故有待外力来增加肌肉的放松、血液的流畅。按摩肌肉促使血液流畅,循环加速,容易消除疲劳,生理的放松会带来心理的愉快感,可以消除紧张、化解压力感。肌肉按摩的时候应注意房间的温度、空气的流通、自己放松及衣服的宽松,在穴道上指压可带来舒适并可治疗特定的疾病。

3. 适当应用心理防卫机制

心理防卫机制是个体应付心理压力或者挫折和适应环境时无意识采用的心理策略。适当应用心理防卫机制,可以减轻压力引起的不安,可以起到调节心理冲突的作用。合理化机制是应付心理压力和挫折的方法之一,无意识地提出一些理由为自己的暂时不满足和挫折解释和辩护,求得自我谅解和安慰,减轻自己的痛苦,达到心理平衡。"吃不到的葡萄说葡萄是酸的"就是典型的合理化机制。

心理防卫机制一词最早见于弗洛伊德的著作《防御性神经精神病》(1894)。弗洛伊德在其早期著作中交替使用"防御"和"压抑"这两个术语。心理防卫机制,是指个体在应付心理压力或挫折和适应环境时无意识采用的心理策略。

运用这种心理策略,能使个体心安理得,减轻由于心理压力或挫折所引起的紧张不安、焦虑和痛苦。对于心理咨询和治疗师来说,学习心理防卫机制的理论,不但可协助求助者正确认识自己的心理状态,也能用来评估求助者的自我成熟程度,作为咨询和治疗的参考。

大多数的心理防卫机制是被动的,消极的,如果起到一定效果也是暂时的,并不能真正起到心理保健作用。而心理应对机制则是主动的、积极的,强调个人自觉的理解和有意识的参与,并依靠家庭和社会的力量。应对、应对方式和应对策略,是个体对抗应激的一种手段。用心理学的术语来定义,"应对是个体对环境或内在需求及其冲击所作出的恒定的认知性和行为性努力"。它具有两方面的功能：一是改变现存的人与环境关系（问题指向性应对）；二是对应激性情绪或生理性唤醒的控制（情绪调节性应付）。问题指向性应对是通过改变个体支持自身的行为或改变环境条件来对抗应激原；情绪调节性应对是通过应对以降低烦恼并维持一个适当的内部状态，以便较好地处理各种信息。

本章小结

压力是一把双刃剑，处理得当能提高工作效率，处理不当影响工作和身心健康。因此，应该学会应对压力，争取做压力的朋友。

思考题

1. 深呼吸让自己放松，回想最近有哪些事情让自己感觉喘不过气来？

2. 这些让自己感到压力的事情是哪些角色引起的？能够控制的部分是哪些？

3. 想想你如何运用能够控制的事件应对压力？

心理自测

生活事件量表

指导语：这个量表是霍尔姆斯和雷赫（Thomas Holmes & Richard Rahe）为测量重大生活事件而设计的。请你根据自己最近一年的实际情况作答，了解自己的压力指数。

生活事件量表

事件	圈选	压力指数	事件	圈选	压力指数
配偶去世		100	丧失抵押品赎回权		30
离婚		73	工作责任改变		29
分居		65	子女离家		29
入狱		63	有法律上的问题		29
亲近的家人去世		63	杰出的个人成就		28
本人受伤或生病		53	妻子/先生开始/结束工作		26

续表

事件	圈选	压力指数	事件	圈选	压力指数
结婚		50	入学或毕业		26
被解雇		47	居住情况改变		25
婚姻的调解		45	个人习惯改变		24
退休		45	与上司起冲突		23
家人的健康状况改变		44	工作时数或状况改变		20
怀孕		40	搬家 / 转学		20
性的问题		39	休闲 / 宗教活动改变		19
增加新的家庭成员		39	社交活动改变		18
工作的再适应		39	借款或抵押次要财产		17
经济状况改变		38	睡眠习惯改变		16
亲近的朋友去世		37	家人相聚次数改变		15
工作性质改变		36	饮食习惯改变		15
与配偶争执次数改变		35	度假		13
借款		31	过年		12
抵押重要财产		31	轻微违法		11

评分方法:把所选的分数相加得到总分。

生活压力指数	未来两年内罹患与压力有关的疾病的或然率
150 以下(低度压力)	很小
150 ~ 199(轻度压力)	30%
200 ~ 299(中度压力)	50%
300 以上(高度压力)	80%

(来源于 Holmes 的“社会再适应量表”,简称 SRRS)

第七章　导游员的挫折、冲突与应对

培训重点

- 了解挫折及引起挫折的因素
- 掌握心理挫折和危机忍受能力受到哪些因素的影响
- 应用心理防卫机制和心理应对机制来积极应对心理应激和挫折

中国人常说一句话:“人生不如意之事十之八九。”也就是说,在日常生活中,能如意之事常只有一两件而已,挫折与冲突在日常生活中,几乎是每个人都会经历到的。有人说:“人生未遇苦难者,只能算是半个人。”因此,挫折与冲突固然会对我们的生活产生很大的影响,但若处理得好,搬掉了个人成长中的绊脚石,还会激发个体潜能的发挥。

第一节　挫折及其应对

一、挫折与挫折容忍力

(一)挫折

在心理学上,“挫折”指一种情绪状态,英文为frustration。情绪是那些与某种机体需要是否满足相联系的体验。所谓挫折,就是在个人从事有目的的活动过程中,遇到障碍或干扰,致使个人动机不能实现,个人需要不能满足时的情绪状态。例如,想吃奶的婴儿,因吃不到奶而哭泣;孤独恐慌,希望有人陪伴安慰的小孩,因看不到人来拥抱、安慰而沮丧;因拼命去追一位喜欢的对象而得不到回应的失恋人,都会经历挫折的情况。

平时讲某某“心灵受到创伤”，实际就是指他的心理受到挫折，而心理挫折又会影响他的行为。

当人们在通向目标的道路上遇到了障碍，可能产生三种情况：一是改变行为，绕过障碍，达到目的；二是如果障碍不可逾越，可以改变目标，从而改变行为的方向；三是障碍面前无路可走，不能达到目标，人们会产生挫折感，于是心理就紧张，心理和生理上都会产生种种反应，甚至出现不正常的情况。青年人或生活在美好的环境里的人们，往往把有利条件估计过多，困难估计不足，遇到挫折往往措手不及，惊慌失措，从而产生愤怒、恐惧或悲哀的情绪，行为上则表现为失常，以至于做出不利于社会、集体、个人的事。因此，应分析挫折现象，研究挫折产生原因，制定战胜挫折的措施，将一切不利于社会的消极因素降至最低限度，使人们的积极性和创造性得到充分的发挥。

(二)挫折容忍力

所谓挫折容忍力，是指个体遭受挫折时，能免于行为失常的能力，亦即个人经得起打击或者经得起挫折的能力。每个人所拥有的挫折容忍力并不完全相同，有些人在面对挫折打击时，坚忍不拔、百折不挠、经得起挫折；而有些人，一经挫折的打击，便一蹶不振，颓废而终其一生。一般而言，个体挫折容忍力之高低，受下列几种因素的影响。

1.生理条件

一个身体健康，发育正常的人，对生理的挫折容忍力一定比一个百病缠身，生理上有缺陷者来得高。例如在高竞争的行业中，身体健康的人一定比身体虚弱的人更能长时间工作而不会感到疲倦。

2.过去的经验与学习

挫折容忍力与个人的习惯或态度一样，是可以由学习而获得的。如果一个人从小娇生惯养，很少遇到挫折，或遇到挫折就逃避，他就没有机会学习如何处理挫折，这种人的挫折容忍力必然很低。挫折既然是人生无法避免的，故在家庭或学校中，父母与教师也不妨设计一些挫折情境来锻炼与增强孩子的挫折容忍力。

3.对挫折的主观知觉判断

由于每个人的主观世界不尽相同，因此，即使是客观的挫折情境与压力相同，个体所感受到的威胁也不尽相同。有的人受些打击，即可使他精神失常，而有些人，即使再大的挫折，他也活得健康自在。例如，同样失恋的人，有的人以“破旧立新”来对待，有的人则在“没有他，如何活下去?”中不能自拔，使自己的生活陷入绝望中。

二、引发挫折的原因

构成挫折的因素，大致上可分为两种：一为外在因素，一为内在因素。

（一）外在因素

外在因素通常是指环境因素，就性质来区分，有下列三种。

1. 自然环境的因素

指时间、空间的限制及天灾人祸所引起的困难。比如他乡游子因距离远隔无法与家人团聚（空间距离限制）；急于赶上班，却碰到车辆故障或交通阻塞（时间上的限制）；气候干旱，致使农作物收成欠佳（天灾方面的限制）；战争导致家破人亡（人祸方面的限制）。

2. 物质环境的因素

指由物质的缺乏或故障，使人们无法满足其需求而形成的挫折，如夏天电力供应不足，而分区停电，致使人们的生活工作因而受到影响，而不能按预期的计划进行。

3. 社会环境因素

每个社会或文化环境中，都有一些风俗习惯、法律、宗教、政治、道德观念等因素，给个人行为带来一些约束或抑制，使个人不能遂其所愿，因而构成挫折。如相爱的恋人，因宗教信仰不同，而无法结为夫妇。通常社会环境的限制，都属于人为的限制，它的限制常常比自然环境还要多，挫折的影响也比较大，且不同的社会环境各有其不同的规范，对人形成不同的限制。

（二）内在因素

内在因素通常是指个体本身的能力及其他条件，因个体本身因素所产生的挫折，有下列几种情形。

1. 能力的限制

因个体能力不足，无法顺利达成目标而造成挫折，如想学医济世，但是考不上医学院。至于个体所遭受的挫折大小，与个体所持之抱负水准和实际能力之差距有关，抱负水准越高，而实际能力越差，其挫败感便越大。

2. 生理的限制

因生理方面的缺陷，无法达到目标，而产生挫折。如个子矮小者难以成为篮球高手，患有色盲者无法成为画家。

3. 多个目标不能并存

当个人所追求的目标不止一个，却又因事实限制，不得不放弃一些自己所喜爱的人、事、物时所形成的挫折；如想减肥又喜好吃糖的女孩，只能择其一。

4. 个体价值观念和态度的限制

个体对于事物的取舍，由其价值观念和态度来决定。当个体所持之价值观念和态度，与现实环境冲突时，会引发挫折。如伯夷叔齐饿死于首阳山下，是因为他视食周朝食物为不义。

三、挫折的分类

有的心理学家将挫折按发生的时间先后次序分类，有的心理学家则以引发挫折的因素分类，亦有以个体之需求在生活中是否满足，作为分类标准。现就几种较具代表性之分类陈述如下。

（一）Sapperfield 分类法

Sapperfield 按引发挫折因素之发生时序，将挫折分为需求挫折、行动挫折及目标挫折，亦即将挫折的分类重点放在所发生的阶段。

1. 需求挫折

需求挫折指个体的某一需求，受限于个体本身或环境因素，得不到表现或满足的机会，个体很快设法抑制该需求而产生挫折。例如，攻击或性需求，常不为自己良知或社会规范所许可，个体无法很随意地表现出来，因而招致挫折感。

2. 行动挫折

行动挫折指个体的行动遭受到阻碍或干扰所产生的挫败感。在日常生活中，我们每天或多或少都会遭遇到一些行动挫折，一般而言，遭受行动挫折的人，同时也遭到需求的挫折。例如一个怒火攻心的人，不自量力地向对手破口大骂，并在还没有向对方出手时，就已被对方打得鼻青脸肿，而不敢还手。又如，一心想取悦丈夫的妻子，在丈夫下班回家后，体贴地泡了一壶茶，却被丈夫斥责为又烫又苦，而觉得如此取悦丈夫不是个好办法。此二例中之人所处的状况，就是行动挫折。

3. 目标挫折

目标挫折指个体无法达成所需要的目标，所形成的挫折感。在日常生活中，目标挫折可能比需求挫折或行动挫折更常发生。因为社会上某些目标的数量有限，但追求者为数众多，致使追求不一定能达到目标。例如，每年都有很多高三学生想进入名校大学，但其录取名额又有限制，致使很多人不得其门而入，遭受到目标挫折。另外，个体所欲达到目标有多个，而这些目标之间，又有冲突存在，无法同时都得到，必须有所取舍，个体亦因此感受挫折。例如，一个想同时拥有好成绩，也想成为运动健将，并顺从父母意见的学生，发现三者之间，难以同时并存，必须有所取舍，而感受到挫折。

（二）Rosenzweig 分类法

Rosenzweig 根据引发挫折的因素，将挫折分为缺乏挫折（lacks frustration）、损失挫折（losses frustration）和阻碍挫折（obstacles frustration）。

1. 缺乏挫折

当个体无法拥有自认为重要的东西时，就会感到缺乏挫折。缺乏挫折的内容因个人需求、社会经济地位及其他因素而异。例如经济能力差但有高物质欲望的人，遭受物质缺乏的挫折；个子矮小但却梦想成为篮球健将的人，遭受生理条件的缺乏挫折。缺乏挫折的种类大略可分为生理条件缺乏、能力缺乏、物质缺乏、资格缺乏、经验缺乏、感情缺乏等。

2. 损失挫折

损失挫折是指失去原来拥有的东西而引起的挫折，它和缺乏挫折在表面上有共同的地方——皆因“未能拥有”想要的东西而引起挫折。但对个体而言，损失挫折要比缺乏挫折更不易调适。因为损失缺乏是一种“得而复失”的挫折，而缺乏挫折是“未曾拥有过”的挫折。损失挫折和缺乏损失一样亦可被细分为经济损失（包含金钱上和物质上的损失）、能力损失（因病伤等因素引起的）、健康损失（生理疾病所引起）、地位或权力损失、感情损失（因亲朋之死或离别引起的）、名誉损失等。

另外，柯永河教授认为，损失挫折可再被细分为具体损失与想象损失；具体损失指损失了已获得的东西，而想象损失指想象者自认应得，但并没有得到的情形而言。

3. 阻碍挫折

当个体从事动机性的活动时，如有阻碍物横隔在需求与目标之间，个体就容易体验到阻碍挫折。阻碍挫折有时属物理上的，例如，对于监牢里的犯人而言，高高的围墙是逃出监狱的一大阻碍。另外，社会性的阻碍也经常造成生活上的挫折，社会性的阻碍中人的、风俗习惯的与法律的往往是非常重要的。例如，想与丈夫一起出国进修的妻子，遭受公婆以孩子乏人照顾为由而不得不放弃与丈夫出国进修的心愿;想享齐人之福的丈夫,受到法律约束,而不能如愿。

阻碍有时来自我们自己的道德观念、价值系统、人生观、自我意识等。它们常和我们自己的欲望成对立关系,使我们不得不放弃满足该欲望的计划。例如,学生考试前准备不周,考试时发现有许多不会的题目,想作弊,却又觉得作弊是不好的行为,为免良心不安,最后不得不放弃以作弊得分的念头。

以上所讨论的 Sappenfield 和 Rosenzweig 的分类法,都属于单向度或单因素的分类法。单向度分类固然有其优点,但每一种挫折都是非仅以单一因素即可彻底加以描述的。例如,经商失败(损失挫折),想东山再起,却又缺乏金钱(缺乏挫折),想向人借钱周转,又觉有损颜面(个人因素的阻碍挫折)。

(三)阿卡夫分类法

阿卡夫曾归纳列举了 10 种与个体生活适应有关的重要挫折:

成就挫折　　归属挫折
独立挫折　　支配挫折
顺从挫折　　攻击挫折
自责挫折　　抚爱挫折
求助挫折　　性的挫折

四、挫折的反应

个体对于一种刺激或情境的反应,都是整体性的,对于挫折经验也是如此。个体遭受挫折之后,其反应有时是采取立即性的反应(如攻击、谩骂等),有时是采用缓慢长期性的调适方式,如自我防卫(本书另有专章讨论,本文不再赘述)。至于立即反应,较为一般人所注意的是情绪和外显行为的反应。

(一)情绪方面的反应

个体在遭受挫折时,常会表现出情绪的波动。最常表现的是愤怒。小孩子在其要求不得满足时,往往会发脾气,甚至大哭大闹。有些成年人,在不如意时,也常会咆哮跳叫,怒不可遏。

遭遇挫折时的另一种情绪反应,是焦虑。这也是一种紧张的反应,而含有不安和忧虑的成分。适度的焦虑可以增进工作和思考的效率,但若焦虑过高,则反而会使工作的效率降低。

受挫时常有的第三种情绪反应是沮丧,并含有抑郁甚至悲伤的成分。通常个体遭受较强烈、较严重的挫败时,会有此反应,因而情绪有陷入低潮的倾向。

(二)行为方面的反应

1. 攻击

个体在遭遇挫折时,最常见的外显行为反应是攻击。心理学者曾用幼儿园阶段儿童做实验,在他们自由活动时观察并记录其行为。随后将游戏室中儿童最喜欢的玩具收起来,不许他们继续使用。观察者当即发现,在此后的一段时间里,儿童的攻击行为有显著增加,或是摔投玩具,或是攻击同伴,争吵的情形也增加了,显示出他们因不能痛快玩要而产生的挫折感,攻击行为也有增加。美国的多德拉(Dolland)和米勒(Miller)因此提出"挫折—攻击"理论,意思是认为挫折的经验和攻击行为之间有固定不移的关系,挫折必将引起攻击的行为,攻击行为常是挫折的结果。后来此项理论虽经修正,但是攻击行为却仍被认为是挫折后多种反应中极重要的一项。一般报纸上刊登的伤害案例中,大多数当事人是在遭受到某种挫折之后,才表现攻击他人行为的。美国黑人犯凶暴罪的比率较白人为高,部分学者的解释就是黑种人在生活中所受挫折较白种人为多的缘故。

攻击的方式有两种:

(1)直接攻击。个体受到挫折后,最直接的反应是向构成挫折的人或物直接攻击。例如打斗、谩骂及怒目而视等。人类在幼儿时,多用此种方式应付挫折情境。但在成人社会,此法常不为社会团体所容许,事实上也常不能解决问题,甚至会引发更严重的问题,因此当个体受到挫折时,便采用另一种转向攻击方式。

(2)间接攻击。个体受到挫折后,如果对方权势及力量太大,无法向构成挫折的人或物直接发泄情绪,便以间接的方式来发泄。例如学生被老师骂,敢怒不敢言,回家骂妹妹或踢狗;丈夫被老板骂,为了饭碗,不敢反抗,回家骂太太;夫妻吵架,太太摔碗盘,丈夫骂孩子。

2. 回退

回退指个人在遇到挫折时表现比其年龄较为幼稚不成熟的行为。例如在夫家自觉受了委屈的妻子,不愿面对问题,跑回娘家向母亲哭诉,并求母亲代讨公道,就是一种回退行为。

3. 固定行为

固定行为是指个体遭受挫折时不知道随机的弹性反应,而以过去习惯性的刻板行为反应。例如儿童吸吮手指及口吃行为,通常在父母以惩罚的方式加以阻止时,便愈会出现,而无法改正。

4. 幻想

幻想是一种应付挫折退缩式的反应,是指个体遭受挫折之后,陷入一种想象境界中,而以非现实的方式应付挫折或解决问题。幻想称为白日梦,即临时脱离现实,在由自己想象而构成的情境中,得到满足。幻想可使人暂时脱离现实,使个人的情绪在挫折后获得缓冲,有助于对挫折的容忍并提高个人对将来的希望,但是幻想本身并不能解决实际问题,幻想之后仍须面对现实去应付挫折。假如一味沉湎于幻想,不顾实际,非但于事无补,成为习惯之后,更会妨碍心理健康。

5. 冷漠

有时个体面对挫折不以攻击表现,而以冷淡的态度表现出来。冷漠大都是对构成挫折的人或物或事也许曾经反抗,但招来更大的挫折,或造成挫折的情境对个人压力过分严重,使个人感到无助、绝望,而失去一切信心与勇气,故以冷漠的方式应付之。冷漠是一种情绪性的压抑,对个人的内心容易产生严重的伤害,久而久之容易变成不正常的心理适应。例如在二次世界大战的纳粹集中营中,俘虏们无论遭受何种虐待、鞭打、饿寒、奴役甚至面临死亡的威胁,均以冷漠无情来应付。结果,有些人在战争结束后离开集中营,马上由受害者变成迫害者,以同样残酷的手法去对付无辜的人。

上述各种挫折反应,是一般较常见到的,但个体在这些挫折反应中,并非遭遇一个挫折就出现一种反应,有时会交替出现不同的反应。例如受了父母气的孩子,面对父母惩罚时,他以冷漠回应,但回过头他借故打了弟弟(间接攻击),晚上睡觉时又尿床(回退)。

五、挫折的调适

一个人格成熟的人,应能从生活经验中体验到挫折是现实生活中不可避免的,且面对现实接受挫折时,是以积极态度来调适,而非情绪化的攻击或逃避。至于如何积极的调适挫折,下列几点原则可供参考。

(一)在认知上

首先,在日常生活中,要有挫折是难以避免的观念。事情顺利没有遇到挫折时,要心存感激;碰到挫折时,不要怨天尤人,因为挫折可以更激励人的成长。

其次,要正确对待“失败”。在生命的过程中,不可能只有成长,没有失败。因为我们整个生命就是一个学习的历程。在生命中常需要多次的尝试努力,而且不断地改善,才能有机会获得尽善尽美的境界。曾有过两种治疗梅毒的药,分别叫做“606”和“914”,用数目来命名。这两个数目,都有其特殊的意义,它们代表在成功之前所经过的实验次数。从开始到完成的几百次实验中,你能说哪一次是失败吗？严格地说，都没有失败；每一次都有一点点成就，都对最终的成功有贡献，没有一次是浪费的。因此，我们应该认识到，每一次的“失败”，都增强了下一次尝试的力量。

（二）在态度上

首先，在遇到挫折以后，人们常会表现防卫性的反应，以图推卸自己的责任，减除内心的焦虑。这固然可以消除或减轻当事者的心理负担，但是我们如果仔细研究，就会发现所有的防卫作用，都或多或少地歪曲了事实，使我们不能洞见当时的真实情况。因此，遇到挫折时，不要逃避责任；重要的是要发现阻碍或困难之所在，谋求补救之道。若是歪曲了事实，使自己无法洞察问题的症结，是有害而无益的。

其次，遭遇到挫折以后，应当就挫折的情境进行分析。这个分析包括两方面，一为挫折原因的分析，另一方面的分析是对于挫折后果的分析。了解挫折的原因可以设法谋求补救，至少可以避免下一回重蹈覆辙。另外，如果我们能察见某项挫折并不会对自身造成任何伤害，那么心理上的负担将大为减轻，情绪上也可为之放松了。

（三）在行动上

挫折和失败是人们生活中不可避免的现象，遭受了挫折之后，不能只是认输就完了，而是要尽力谋求补救之道。下面是在行动上应有的措施。

1. 修订自己的目标

在很多遭受到挫折的事件里，目标定得不适当是颇为普遍的原因，而且常常是定得太高的缘故。当事者应对自己的各项条件仔细地检讨，对其所面临的环境冷静地分析，重新制定目标。必要时也许会需要将目标降低一点，来增加成功的机会。不必任何事都要求合乎自己喜欢的方式，过于要求完美，容易造成挫折感。

2. 制定有效的调适措施

所谓有效的调适措施，就是面对现实的挫折去寻求克服的途径。一般而言，克服的途径可从下列几方面着手。客观地分析自己的能力及优缺点，并分析外在客观环境可能的限制，然后寻找各种可供利用的条件（人力、物力等），接着制订切实可行的计划，并按部就班地实施；在实施过程中，要不断地自我鼓励加强信心，也要能随环境的变化，有弹性地修订实施计划，并坚持到底。

第二节 冲突

一、冲突的本质

在日常生活中,个体在有目的的活动中,因所欲达成的目标(一个或数个),同时存有两种或两种以上的动机需求,而这些动机彼此之间是相互矛盾、相互排斥的,个体受内在和外在因素之影响,难以取舍而产生矛盾的心理现象,称为心理冲突,简称冲突。

冲突存在时间的长短,与个体本身的人格特质、所处外在环境压力的大小、冲突类型及是否有外在支援有关。

大体而言,人们并不会长时期地承受冲突所带来的困扰,因为冲突会引起混乱、不安的感受,所以人们会设法消除它,以尽早回复平衡。

二、冲突的分类

(一)勒温分类法

人格心理学家勒温描述人类有四种形式的冲突:双趋冲突、双避冲突、趋避冲突和双重趋避冲突。

1. 双趋冲突

此类冲突系指个体面对两种具有同等吸引力的选择,而个体对这两种选择具有同等强度的动机,但因条件限制,无法兼得,只能选择其一,不可能同时拥有,心理上会产生鱼与熊掌不可兼得,难以取舍的冲突心理(见图7-1)。例如一个女孩子面对两个条件相当的男孩子,只能选择一个时;一个考生同时考上两所都不错的学校,不知要读哪一所时;一个女孩子同时喜欢两件衣服,但只能买一件时。

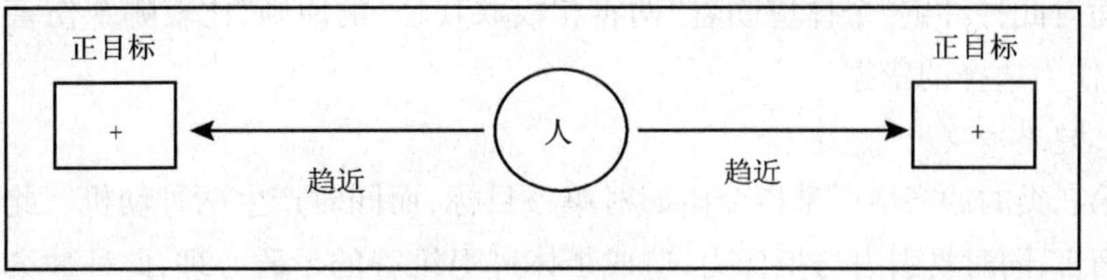

图7-1 双趋冲突

人们面对这类选择时通常不需要花很多时间,也不会感到很焦虑,因为不论做了何种决定,结果都是自己所希望的,所以这类冲突不算是严重的冲突。另外,个体对两个动机的强弱,并非固定不移,随着时空环境的变化而发生变化。例如,有很多人在选择一个之后,对这个已得到的不觉得珍贵,对另一个未得到的,则有珍惜、怀念及有价值之感,因为那个也是他所喜欢的。所以人们总有“得不到的东西都是好的”的心态。

2. 双避冲突

此类冲突是指个体在面对两个具有威胁性的目标,这两个目标皆为个体所恶,但迫于情势,必须接受其中一个才能避免另外一个,而造成选择时左右为难的困境。这是处于前无进路、后有追兵的心理状态(见图 7－2)。例如学生对读书视为畏途,但又不想考试被“淘汰”,只能在其中作一选择;一重伤病人须锯掉一条腿才能保命,死亡与锯腿之间,他必须选择一种;小学生犯错误,需罚写字或星期日到学校,罚写字与放弃假日,他必须选择一种。上述这三个例子,无论个体选择了什么都会感到很不愉快。双避冲突带来的影响通常较大,也较难解决。因为每当一个人做了一个暂时的决定,并趋近其中一个不愉快的目标时,他就会变得越来越紧张。通常个体在面对此种冲突时,会以逃避的手段来对付,但倘若无法逃避,个体有时会以防卫转机来减轻焦虑的程度。如使用防卫转机方式又失败,个体就会被紧张焦虑所缠绕,最后导致严重心理困扰。

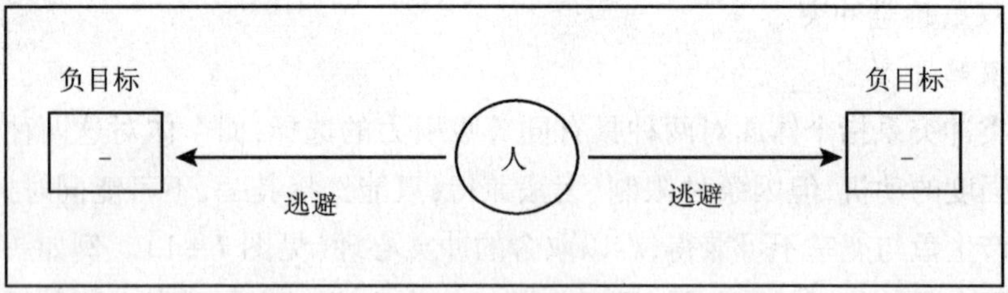

图 7－2 双避冲突

面对此种冲突,个体应朝着“两害相权取其轻”的原则,比较哪个伤害对我们较轻,作为选择的依据。

3. 趋避冲突

第三类的冲突情境系指个体面对单一目标,而同时产生两种动机。此目标对个体而言,同时具引力与拒斥力,造成个体进退维谷的矛盾心理,此种冲突在日常生活中最常遭遇到(见图 7－3)。例如瘾君子喜好吸烟,又怕得肺癌;酒鬼喜欢喝酒，又怕得肝癌；女孩子喜欢吃零食，但又怕胖；想追女朋友，又怕被拒绝等。

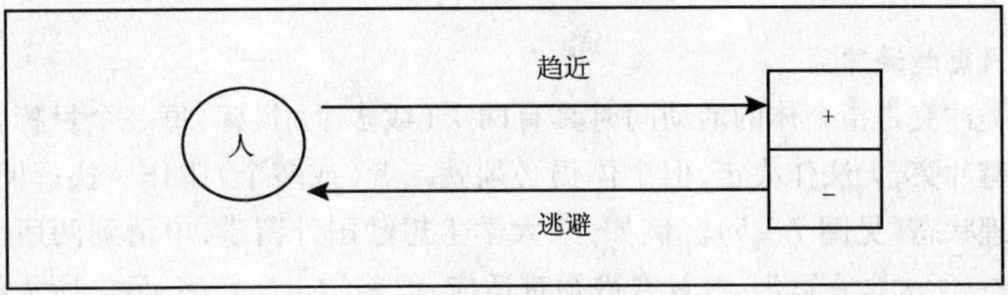

图 7－3 趋避冲突

米勒（Neal Miller）以目标梯度的概念（趋近或远离某目标的倾向）来说明趋避冲突。趋近梯度是指一个人逼近正向目标的倾向，亦即该目标所具有的吸引力；逃避梯度则是一个人逃离负向目标的倾向，亦即该目标所具有的拒斥力。一个目标若同时具有正向和负向的特质，它就具有趋近和逃避两条梯度线。图 7－4 是将趋避冲突情况用图形表示出来。横轴代表距离目标的远近，纵轴代表目标吸引力或拒斥力的强度。个体在向一正目标趋近途中，愈接近目标时，其趋近之倾向愈强，愈远愈弱。个体在从一负目标逃避中，愈接近目标时，其逃避之倾向愈强，愈远愈弱。

图 7－4 显示，逃避的梯度线比趋近的梯度线要来得陡，这意味着个人在距离目标较远时，趋近的倾向强于逃离的倾向。一直到他过了趋近与逃离梯度的交叉点，朝目标接近时，逃离的倾向则迅速变强，于是个体马上退回交叉点。

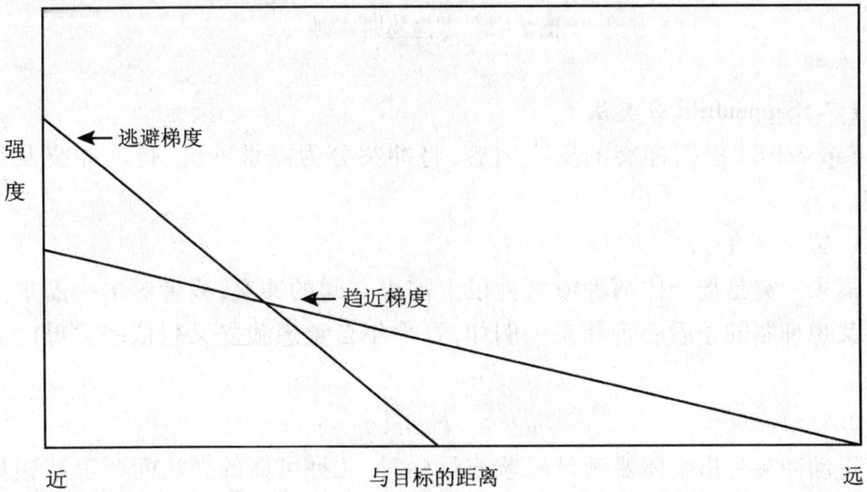

图 7－4 趋避冲突之图示（Miller，1959 年的实验）

个体在面对此类冲突时，应就利弊方面加以权衡决定，始可免去矛盾的痛苦。

4. 双重趋避冲突

此类冲突是指个体的活动同时具有两个（或多个）目标，每一个目标对他都形成趋避冲突，无法作决定，但个体仍必须就二者（或多个）中作一抉择时，所产生的心理状态（见图 7－5）。例如，某大学生想赴国外留学，申请到两所大学的奖学金，一所大学在欧洲，气候寒冷很难适应，但奖学金比较多；另一所大学在美国加州，气候温暖较易适应，但奖学金比较少。这两所大学对该学生来说，就造成双重趋避的冲突。又如某一男士认识两位女士，某一女士品德甚好，但外貌较差，另一位则外貌很漂亮，但品德不佳。这两位女士对这位男士来说，亦就形成双重趋避冲突。

此类冲突的解决，往往视目标所具有的价值及个体的需求强弱而决定。

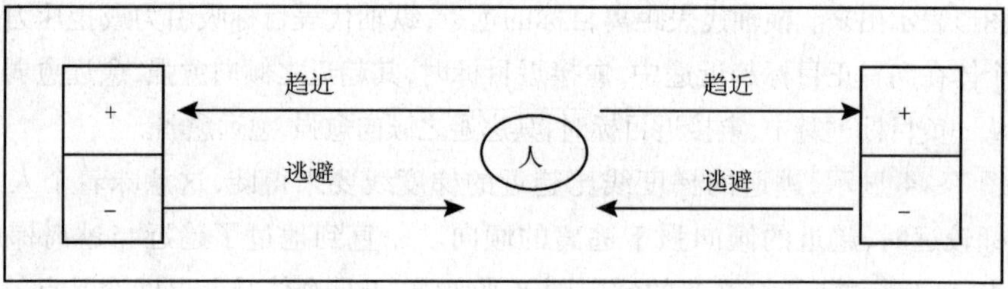

图 7－5　双重趋避冲突

（二）Sappenfrild 分类法

Sappenfrild 根据冲突的反应内容，将冲突分为需求冲突、行动冲突及目标冲突。

1. 需求冲突

需求冲突是指个体两种或两种以上需求之间的冲突，或者对单一需求产生想要又想抑制的矛盾心理状态。例如，青少年自觉想独立又想依赖父母的心态即是。

2. 行动冲突

行动冲突是指个体要满足需求或目标时，几种可能的做法间产生互相排斥的矛盾状态。例如一个男子迷恋一位女子，他是去告诉她自己是如何地喜欢她，把她吓跑，还是应该控制自己装作没这回事的样子呢？

3. 目标冲突

目标冲突是指几种目标之间不知如何取舍的矛盾心理状态。例如有些人想博学,也想精于某一领域,而不知如何取舍。

(三)荷雷蒙分类法

荷雷蒙(Dutch Ramon)根据个体的生活,将冲突分为现实冲突与闭锁冲突两种,并统称为社会冲突。

1. 现实冲突

现实冲突是指人与人相处在一起,因意见不合而产生的冲突,如兄弟姊妹为分财产而产生的冲突。

2. 闭锁冲突

闭锁冲突是指内心没有表现出来的冲突,其促成因素有三:恐惧、不信任、误解。

(四)弗洛伊德的人格冲突理论

精神分析大师弗洛伊德认为,我们内心中有三个不同的我,分别称为本我(默性),自我(人性)及超我(神性)。这三个我彼此关联、互相影响,它们控制了我们所有的行为。如果这三个我不和谐,我们内心常会有冲突困扰的现象。

三、冲突的后果

当个体遭受冲突时,通常会有下列几种反应。

(一)冲突导致行为不稳定

处在冲突状态的人,若不是因各反应力量的抗衡而动弹不得,就是因这些相抗衡力量不易继续保持相等,而容易受内外界刺激的少许改变,就导致行为的前后不一致。尤其情绪较不稳定、做法常前后不一致的人,较情绪稳定、做法前后一致的人要容易经历心理冲突。

冲突发生时,个体常会交替表现出忽左忽右的行为,特别是处于双趋冲突的人,更容易有此反应。例如,不知和哪一位异性深交较好的人,有时和某一方深交,但有时则反过来和另一位亲近。通常我们把这样的人称为用情不专的人。

(二)冲突导致阻塞

冲突容易导致暂时性的行动或思考阻塞现象。尤其是处于双避冲突的人。因为他不论作任何选择或不选择,皆不是他所要的,都会有压力产生。因此,处于双避冲突的人,常会表现较长时间的阻塞心理现象。

(三)不同类型的冲突导致不同情绪反应

一般而言,面对双趋冲突的人,例如,被好几位条件优秀的异性追求的人,是兴奋的、有信心的、乐观的;面对趋避冲突的人可能有喜忧参半的感受,而面对双避冲突的人则可能感到极端焦虑,不知如何是好或感到一切希望都破灭。

(四)长期冲突易导致心理疾病的产生

从弗洛伊德以来,许多学者都认为冲突是心病的极重要心理原因之一。许多心理学者的实验报告指出,在冲突情境下,受试动物所表现出来的反应共有下述几种:

(1)在生理上,肌肉失去弹性,变为僵硬,排尿、排粪的次数增多,呼吸急促,心跳也加快。

(2)在心理上,变得过分敏感,或静止不动。

(3)在行为上,有刻板僵化的反应,性与社交的无能。

(4)在认知上,区辨能力减低、思考阻塞等现象产生。

由此可知,人在面对冲突时,特别是长期冲突时,个体对生活适应能力将减弱,也经历较高的焦虑,这对个体的心理健康有较不利的影响,有时甚至产生心理疾病。

四、冲突的解决

一般而言,个体在面对冲突时,有下列几种解决方式。

(一)逃避

当个体在面对冲突时,如左思右想,仍想不出解决方法,以逃避方式来处理。特别是陷入双避或多避的冲突中更容易如此。

逃避有身体的逃避与心理的逃避两种。身体的逃避是指离开冲突的场所,例如,失意的人,常以离开原来所处的环境来忘记旧情;心理的逃避是指逃避与事件有关的想法、情绪。

因为逃避不是解决冲突心态的有效方法(虽然可能有短期的效果,但从长期的效果而言,逃避大部分都会呈现累积性或恶性循环的不良后果),所以,为了协助个体彻底消除冲突,应该加以解释、提醒、劝告、鼓励、说明等方法,一方面阻止情绪方面的逃避,另一方面鼓励个体正视他的真正问题,深入探讨问题,最后在最有效的层次上找出可行的、具体的方法彻底解决冲突。

(二)重建

冲突是由两个或两个以上同样强度,但方向相反的动机所构成,因此,要想解决冲突,往往必须先重新建构,以使原来的几种事件在趋避力量上有了改变。例如改变动机方向或使动机强度不完全相同。重新建构情境,有时可能由于我们个人对情境的知觉改变造成,也有可能是外在压力所致。总之,在面对冲突时,不妨冷静下来,从不同角度,对冲突加以分析,改变相对立的反应倾向,就容易选择较可行的途径了。

(三)选择

解决冲突最简单(不见得是最容易的)的方法,莫过于选择其一而抑制其他,例如,我们可决定继续担任教职,而再去想找其他工作等事情。简言之,我们可以决定去做这个而不做那个。这种解决的方法适合用于较不重要的选择情境下,因此不必太在意所做的决定到底正不正确。但如果所选择的是很重要的事,选择其一的方法就不大实用,因被放弃的一方,可能在决定之后,反而增强趋避力,冲突将再度形成。

(四)折中

折中也是处理冲突的一个方法,例如,今天晚上我们是去饭馆吃饭(花费较大),还是在家里吃饭(比较省钱)呢?好吧!我们不妨找个经济实惠的小饭馆吧。一般来说,此法颇受多数人喜欢,它的原则是"不完全放弃一方,也不完全采用另一方",而是采取一个同时满足双方需求的行动。

(五)消除欲念

许多冲突的发生都是源于生理或心理的需求和反需求之间的抗衡,所以不让它发生或让它消失是根本的解决办法。佛家所说的"清心寡欲"、"看破红尘",都是要我们节制欲念以避免冲突或烦恼的产生。因此,消除欲念亦是解决冲突的方法之一。

(六)重要与不重要之排列

确立一套自己处理事情的基本原则。有了处理原则,个体在面对许多待解决事情时,就有了依据去判断何者为重、何者为轻、何者为先及何者为后,较不容易有冲突产生。

五、冲突的正负后果

心理学家艾力克森(Erik H Erikson)曾将人的心理发展划分为八个阶段,并强调每一个阶段都有心理主要冲突存在,所以,每一个阶段都有危机存在,但危机也是转机,没有危机,就没有成长。以此观点来看冲突,它固然会让人产生困扰及心理上的创伤,但人若不经过此种内心冲突及抉择,人格难以获得进步及成长,因冲突使人须不断地反复思考,可以提高个体解决问题的能力。沃雷尔(Worell)即曾指出,冲突的情况可用于道德观念的养成。

当然冲突也有它负面的后果,很多人在面对冲突情境时,容易紧张过度而无法抉择,深陷于困扰的难题中,表现出举棋不定及优柔寡断的性格,或者表现出相反的特质,如专横暴戾、夸耀、自大自私及自我中心等。最严重者,因无法抉择而使个体长期处于冲突之中,导致心理疾病的产生。

本章小结

挫折与冲突是生活压力的重要来源,很多心理学家与精神医学家都很重视"挫折与冲突",常于"挫折与冲突"中,找寻心理疾病的最初原因。在日常生活中,挫折与冲突亦属难免,因此我们必须对挫折与冲突有所了解,才能顺利度过生活适应的过程,以维护我们的心理健康。

思考题

1. 试定义挫折与挫折感。

2. 在日常生活中,哪些因素容易引发你的挫折?你的适应策略(或方式)是什么?

3. 试举三例你在日常生活中遭受挫折的事件,并依本章挫折的分类,说明它们的类型。

4. 讨论适应挫折的有效策略。

5. 试定义冲突。

6. 在日常生活中,你最常遭遇到哪一类冲突?你的反应与处理方式是什么?

7. 讨论适应冲突的有效策略。

心理游戏

绝处逢生

时　间:20 分钟。

目　的:通过帮助别人打消轻生念头,认识在面临困难和挫折时为什么要心存希望。

操作程序：

1. 热身活动：10人一组，围成圆圈，每个人伸出右手，掌心向下；同时伸出左手，食指顶在左边那人的右手掌心上。教师开始说一段事先准备好的话，要求大家听到这段话中出现某个字或词（如听到“抓”字时），你伸出的右手要快速抓住左边那人的食指，而自己伸出的左手食指要同时尽可能逃脱，以免被抓。

2. 讨论

(1) 你逃了多少次？被抓了多少次？

(2) 你是否因反应错误而出现误逃和误抓的情况？

(3) 为什么会出现反应错误？

(4) 在游戏中你的体验是什么？

3. 小组中一位学员扮演因父母离异，自己生活无着落，感到无亲情之爱，悲痛欲绝的角色，请其他学员列出理由劝说他放弃自杀念头。

4. 另一组中一位学员扮演被告知身患绝症，痛苦万分，准备自杀的角色，请其他学员列出理由劝说他放弃自杀的念头。

5. 大家评出本组最佳“劝手”。

【提示】很多人被自己的思想和挫折折磨得死去活来，因消极的心态和毁灭性的思想而离开这个世界。面对挫折和困境，你总有摆脱的机会，你可以选择任何时刻作为信心的开始。

跌倒了不叫失败，跌倒了爬不起来或不爬起来，那才是失败。你怎么对待你的跌倒？

第八章　导游员的情绪及其调节

培训重点

- 掌握健康情绪的标准
- 掌握情绪的自我管理
- 学会自我平衡情绪和调控情绪的具体方法

第一节　情绪概述

人生在世，有生、老、病、死，有荣、辱、得、失，所以就有与之相应的喜、怒、哀、乐，喜怒哀乐是人类情绪的不同表现形式。情绪是人对客观事物的主观体验以及与之相应的行为反应，例如，喜悦时笑容满面，悲伤时哭丧着脸。这些是情绪的外显行为，情绪在行为上的表现称为情绪行为（或表情）。

一、情绪的表达形式

表情分为面部表情、声音表情、形体表情，三者之间相互协调。

面部表情由面部的骨骼肌肉运动，舒张收缩构成。基本的面部表情有四种：嘴角上提表示喜悦；嘴角向下耷拉表示生气了；嘴角平平，表示喜怒不言于色；嘴巴圆起来，往往表示惊讶。在面部表情中，最值得注意的是目光、眉毛的运动。俗话说："眼睛是心灵的窗户。"所谓"眉目传情"、"喜上眉梢"、"瞠目结舌"、"怒目而视"都是说不同的目光所表达的不同情感。

声音表情包括语音、语调、语速三个方面。俗话说："言为心声"，是说不同的言语表情反映出不同的心理状态。如喜悦时，语调高昂，语速较快，语音高低差别较大，音色悦耳动听；恐惧时，音调高尖急促，声音刺耳颤抖；悲哀时语调低沉，语速缓慢，语音高低差别不大。在不同的场合，说同样的一句话，运用怎样的语气、语调，传达的信息的意思不一样。俗话说"听话听音"，同一句话，由于语调不同，所代表的意思可能大相径庭。比如说"怎么啦"这句话，既可以表示和颜悦色的关心，也可以表示指责和鄙视。在导游工作中，针对不同工作对象，可运用不同的声音表情。例如，接待小朋友群体时说话尽量运用较高的语调、较快的语速，而接待老年朋友时说话往往运用平和、缓慢的语气。

形体表情是指借助全身姿态和四肢活动来表达情绪和情感。在表演艺术中又称身段表情。从全身姿态看，高兴时手舞足蹈；愤怒时暴跳如雷；恐惧时不寒而栗；悔恨时捶胸顿足；惊慌时手足失措。有些成语如卑躬屈膝、趾高气扬、正襟危坐、呆若木鸡等，都是用来形容伴随情绪情感所产生的形体表情变化。在工作和生活中，常常用扬头表示高傲；点头微笑表示赞同；摇头撇嘴表示反对；垂头不语表示丧气。

有些情绪可能只有内心体验而无明显的行为反应，特别是学习对情绪的管理后，许多情绪往往不表现在外部行为上。从情绪的影响上可以把情绪分为正面情绪和负面情绪，情绪与人的健康密切相关。早在两千多年前，我国就肯定了情绪与健康的关系，把"喜怒忧思悲恐惊"这七情看成重要的致病因素，即"七情过度百病增"，认为情绪的过度变化，可以引起阴阳失调、气血不和、经络阻塞。《黄帝内经》说："怒则气上，喜则气缓，悲则气消，恐则气下，惊则气乱，思则气结，惊则气乱。"并指出："怒伤肝，喜伤心，思伤脾，忧伤肺，恐伤肾。"情绪既能引发疾病，又能调节身心，关键是如何调节情绪。了解情绪产生和发展变化的规律及机制，对提高实践活动效率及身心健康水平都有着极其重要的意义。

二、导游员常见的情绪困扰

导游员是一项需要投入大量情绪、生理等方面的精力，工作持续强度高、时间较长、服务对象期望高的特殊职业。导游员已经成为容易引发情绪困扰的高发人群。

导游员常见的情绪困扰又称为情绪适应不良，常常表现为以下几种负面情绪。

（一）焦虑

由于在带团前总是担心游客是否好带，工作时间长、消耗体力大，社会压力大，导游员常常产生焦虑心理。焦虑是一种复杂的心理，它始于对某种事物的热烈期盼，形成于担心失去这些期待、希望。焦虑情绪本身并非是一种情绪困扰，适度焦虑有益于个人潜能的开发。如果一个人没有焦虑或是焦虑不足，就会导致注意力涣散，工作效率下降。焦虑不只停留于内心活动，如烦躁、压抑、愁苦，还常外显为行为方式，表现为不能集中精力，坐立不安，失眠或经常在梦中惊醒等。导游员如果长期陷入焦虑情绪不能自拔，内心便常常被不安、恐惧、烦恼等负面体验所积累，行为上会出现退缩、冷漠等情况。

（二）抑郁

据世界卫生组织估计，全球每年约1.21亿人会经历一段时间的抑郁，若将轻型抑郁症包括在内，抑郁症在全世界的发病率约为11%。而目前全球约有3.4亿精神抑郁症患者，相当于精神分裂症患者的7倍多，且这个数字仍在不断上升。该组织在2001年世界卫生报告中指出，抑郁症目前已成为世界第四大疾病，而到2020年时可能成为仅次于心脏病的第二大疾病。据中华精神科学会副主任委员周东丰教授介绍，在世界前10种致残或使人失去劳动能力的主要疾病中有5种是精神疾病，其中抑郁症排名第一，而重度抑郁可高度致残，比高血压、糖尿病等疾病更严重。①

自杀是抑郁症最危险的症状之一。据研究，抑郁症患者的自杀率比一般人群高20倍。有些不明原因的自杀者可能生前已患有严重的抑郁症，只不过没被及时发现罢了。据统计，中国每年有20万人以自杀方式结束自己的生命，占全球自杀者总数的1/5，其中80%患有抑郁症。

抑郁在导游员群体中表现较为普遍，严重者，还伴有心境恶劣、失眠、甚至有自杀倾向。特别需要提出的是，抑郁情绪与抑郁症之间既有联系，又有区别。前者属于一种不良情绪困扰，需要的是心理上的调整，而后者则属于精神疾病的患者，需要及时到医院就诊。

抑郁的主要表现：

压抑、苦闷

负面自我评价，无价值、无意义，悲观失望

缺乏兴趣、依赖性强

反应迟钝、活动水平下降

回避交往

① 王淑军，警惕抑郁症"杀手"，人民日报，2003年10月17日。

体验不到快乐、自卑、自责、自罪

身体反应(失眠、食欲下降、言语动作迟缓、乏力、面色灰暗、哭泣、叹息等)

有自杀倾向

(三)冷漠

导游员在工作中需要投入很大的情感和精力,有时候还需要压抑内心的真实感情,加上长期固定的工作环境和工作方式,往往会产生职业倦怠,主要表现为对人对事漠不关心的消极状态。处于冷漠情绪的导游员,在行为上常表现为对工作对生活没有热情和兴趣,无精打采;对周围的同事冷漠无情,甚至对他人的冷暖无动于衷;对待游客漠不关心、麻木不仁,缺少热情和激情。

冷漠是一种对环境和现实自我逃避的退缩性心理反应,它本身虽然带有一定心理防御的性质,但是它会导致当事者委靡不振、退缩躲避和自我封闭的消极状态,并严重影响一个人的身心健康。

(四)愤怒

愤怒是人的基本情绪反应,从程度上可分为不满、气恼、愤怒、暴怒、狂怒等。导游员如果无法控制自己的情绪,动辄发怒,就会造成对别人和自己的伤害。因此,导游员要学会采用心理调节的方法,缓解自己各种负面情绪。

第二节　导游员的情绪控制与调节方法

一、理性情绪疗法

美国心理学家艾利斯(A. Ellis)曾经于1973年出版过一本书,名叫《理性—情感方法》。他认为,各种过重的负罪感、愤懑不平和焦虑等,大都来自不同的非理性信念。调控情绪首先需要除去非理性的、不合理的信念,而以正确的信念取代谬误的信念。

艾利斯的ABC理论是合理情绪治疗的核心理论。主要观点是:个体的情绪或不良行为并非由外部诱发事件本身引起,而是由于个体对这些事件的评价和解释造成的。艾利斯常用古希腊哲学家埃皮克迪特斯(Epictetus)的一句名言来阐述自己的观点:“人不是被事情本身所困扰,而是被其对事情的看法所困扰。”

ABC理论指出,诱发性事件A只是引起情绪和行为反应的间接原因,而人们对诱发事件所持的信念、看法、解释，即B才是引起人的情绪和行为的更直接的原因。个体的认识系统如产生不合理、不现实的信念，则是导致情绪障碍和神经症的根本原因。

消极情绪的产生往往建立在不合理的认知评价上，不合理的认知评价有以下几种表现：

(1)绝对化想法。从自己的意愿出发，对某一事物怀有认为其必定会发生或不会发生的信念，常与必须、应该、绝对、肯定等联系在一起。如“我必须成功”、“他应该对我好”。

(2)一概而论。评价事物时容易走极端，要么做出极好的评价，要么做出极坏的评价。

(3)认知消极性。看问题时只能看到问题的消极方面，而看不到积极的一面，形成了消极的认知定向。将挫折与困难扩大化，一件不幸的事发生就是一场灾难，认为世界到了末日。如“昨天就餐前我没有考虑到两位游客是素食主义者，我是一名糟糕的导游。”

(4)妄自菲薄。无论是对自己，还是对别人都过于苛刻，常常不假思索地加上“不好”的帽子。

(5)夸张。对周围发生的事情和自己身心的变化故意夸张，而不对实际情况进行认真地思索。

(6)自责。对自己当前的情绪状态进行检讨反省，寻找产生不良情绪的原因，并生产内疚的心理状态。

(7)责任感的乏化。认为在自己身边发生的事情都是由于自己不负责造成的，产生一种悔罪的感觉，并设法弥补自己的“过失”。

对于上述不良的认知评价导致的不良情绪反应，伯恩斯(David Berns)提出了下面的调节方法：

(1)当你处于情绪困扰之中时，保持清醒的头脑，并把你的想法一一记录在纸上。

(2)再从头到尾看一遍上面提到的七种不良认知评价，并与自己的想法进行对比。

(3)重新客观地评价自己的认知活动。

具体步骤：

以ABCDE来作代表。

诱发事件或经验。(A)

对这一事件的看法、解释及评价即信念。(B)

情绪反应、结果或行为效果。(C)

重新审查:驳斥、检查、处理、辨别或改变。(D)

效果。(E)

新的感受。(F)

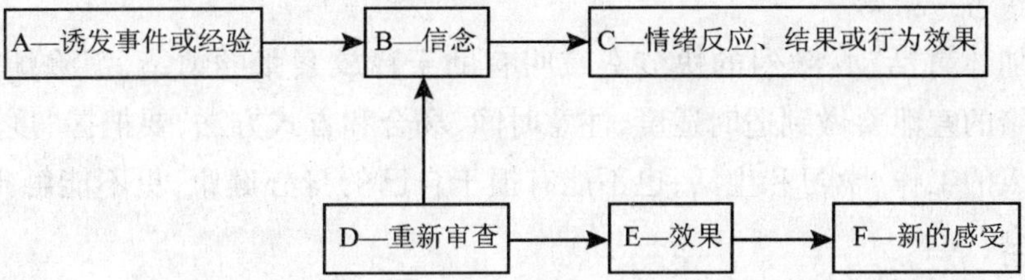

这一理论表示促动事件或个人的生活经验,或人生中的事件 A,在透过思考历程、个人信念作用于 B,才导致情绪或行为反应。情绪困扰与情绪障碍,关键在于 B 点的运作,所以 A 与 C 并非直接关联,B 才是一个中介的力量,更由于人有理性与非理性思考的可能,B 是常常导致 C 的主要原因。因此要减轻 C 的不良情绪结果,必须对 B 加以驳斥、改变,导致 B 发挥辅导与治疗之效果 E,有了效果即表示当事人有新的情绪或感受 F。

例如,导游员小希在一次带团的过程中遭到一名游客对她能力的质疑,并要求换到另外一个旅游团去跟随其他的导游。小希认为游客不尊重她,她非常生气,当场把游客赶出自己的旅游团,回来后一直闷闷不乐。在这个过程中,小希遇到的事件和经历 A 是遭到游客对其能力质疑,这是无法改变的经历,其中,她的信念 B 是“所有的游客必须喜欢我,否则就是对我不尊重”,产生的结果 C 是小希的情绪激动。如果小希能重新审视自己的信念,把信念调整为“并不是所有的游客都会喜欢我,有一部分接受我就很好了”,那么,她的感受的行为将会更积极。

二、合理宣泄

合理宣泄就是把自己压抑的情绪向合适的对象释放出来,使情绪恢复平静。消极的情绪虽然可用理智暂时约束压抑它,但不能彻底消除,这种心理能量的积聚,如果超过一定的负荷,就会破坏心理平衡,引起心理疾病。采用适当的途径,合理宣泄,才能消除不良情绪。合理宣泄的途径主要有以下几条。

1. 倾诉

有了困扰、不满和痛苦等心理压力，可以向知心朋友或信任的人倾诉，请他们开导，也可以用写信、记日记的方式来倾吐心中的不快。

2. 哭泣

在极度伤悲、委屈的时候，不论男女都不必强忍眼泪，尽情地痛哭一场，必定会感到心理上轻松、平静。

3. 适当地活动

参加体育活动、激烈的快节奏喊叫有助于释放紧张的情绪，消除烦闷和抑郁。情绪的宣泄要做到适时适度，注意时间、场合和方式方法，要把握“度”，既不影响他人的工作、学习和生活，也不能有损于自己的身心健康，更不能触犯法律，危害社会。

三、心理放松调节

当人感到身心疲惫、情绪紧张、焦虑不安、心理压力过重时，进行自我心理调适，可以有效地缓解心理压力和消除不良情绪，达到身心放松的目的。心理放松的方法主要有以下几点。

1. 冥想法

可先选择一个比较安静的环境，然后全身放松，闭上眼睛，开始进行冥想。一般是想象一些美好的景物、愉快的经历，如想象自己在海边散步，繁星满天，脚下是柔软的沙滩，这时你可以充分发挥你的想象力，例如，跟随下列的指导语进行想象：

“现在我来到了海边，眺望远方，海阔天空，海浪在慢慢地推拥着、击打着海岸、哗哗的低吟，海鸥在飞旋，凉爽、潮湿海风拂面，我踏着沙砾和贝壳，来到海边小憩……”

2. 音乐调节法

音乐对人的生理和心理都有明显的影响，优美的乐曲可以使人肌肉松弛、脉搏放慢，使人感到心神宁静、轻松愉快。不同的音乐会引起不同的情绪反应，因而可以根据自己的情绪状态有选择地欣赏音乐。当心情烦躁、焦虑时，旋律优美、柔和、悦耳的轻音乐，例如，听班得瑞（Richard Bandery）的轻音乐，能够使人情绪安静，感到轻松愉快；而当忧郁、消沉时，听听节奏感强、铿锵有力的乐曲能够使人情绪振奋，激昂奋进。

3. 肌肉放松法

在激烈运动后，身体过度紧张、疲劳，肌肉会产生肌酸，造成酸痛感。所以，平时练习要注意放松。在放松之前，先充分体验全身紧张的感觉，然后从头到脚依次放松。同时可以伴以想象，如想象一股热流从头顶流向全身。肌肉放松可以使人全身松弛、轻松舒适、内心宁静。

最简单的肌肉放松是握拳法，用最大的力量将双手以拳头状紧紧握住，保持一分钟以上，体会手上紧张的感觉，之后慢慢松开，慢慢体会松开时手上的温热感，反复几次，可以使人转移紧张的注意力、放松心情。

本章小结

情绪对个人行为和生活具有重要的影响和作用，要善于调节情绪，保持积极、乐观的情绪状态。

思考题

1. 大多数时候，我的心境是怎么样的呢？
2. 大多数时候，他人和我相处得愉快吗？
3. 当我感觉很糟糕的时候，我如何调节情绪？

心理游戏

一吐为快，分享快乐

一吐为快规则：分组进行，每组 5 名学员，每位学员可以用 2 分钟的时间向组员倾诉最近的烦恼，其他学员倾听。

分享快乐规则：做“击鼓传花的游戏”，音乐停止之后花落谁处，站起来给大家讲一个笑话、故事或者唱一首歌等形式让同学笑一笑，使大家亲身感受一下笑一笑对自己的积极作用，让大家感受快乐。

心理自测

抑郁自评量表

指导语：下面有 20 条文字，请仔细阅读每一条，把意思弄明白，然后根据你最近一星期的实际感觉，在前面的括号内标出分数。

“1”表示没有或很少时间；

“2”表示小部分时间；

“3”表示相当多时间；

“4”表示绝大部分时间或全部时间。

(　　)1. 我觉得闷闷不乐，情绪低沉。
(　　)2. 我觉得一天之中早晨最好。
(　　)3. 一阵阵哭出来或觉得想哭。
(　　)4. 我晚上睡眠不好。
(　　)5. 我吃得跟平常一样多。
(　　)6. 我与异性密切接触时和以往一样感到愉快。
(　　)7. 我发觉我的体重在下降。
(　　)8. 我有便秘的苦恼。
(　　)9. 心跳比平时快。
(　　)10. 我无缘无故地感到疲乏。
(　　)11. 我的头脑跟平常一样清楚。
(　　)12. 我觉得经常做的事情并没有困难。
(　　)13. 我觉得不安而平静不下来。
(　　)14. 我对未来抱有希望。
(　　)15. 我比平常容易生气激动。
(　　)16. 我觉得做出决定是容易的。
(　　)17. 我觉得自己是个有用的人,有人需要我。
(　　)18. 我的生活过得很有意思。
(　　)19. 我认为我死了别人会生活得更好。
(　　)20. 平常感兴趣的事我仍然感兴趣。

抑郁自评量表评定方法

每个项目采用 1 ~4 级计分,其中 2、5、6、11、12、14、16、17、18、20 项目为反向

评分题，按 1～4 计分，各项目累计即为抑郁粗分(X)，将粗分乘以 1.25 以后取整数部分，就得到标准分(Y)。

抑郁自评量表标准分的分界值为 53 分，低于 53 分为正常，其中 53～62 为轻度抑郁，63～72 为中度抑郁，超过 72 分为重度抑郁。超过 53 分表明有抑郁症状，应主动调节情绪状态或向心理工作者求助。

焦虑自评量表

请仔细阅读每一条，把意思弄明白，然后根据最近一星期的实际感觉，选择一个适合你的答案，A 没有或很少时间；B 小部分时间；C 相当多的时间；D 绝大部分或全部时间。

(　　)1. 我觉得比平常容易紧张或着急。
(　　)2. 我无缘无故地感到害怕。
(　　)3. 我容易心里烦乱或觉得惊恐。
(　　)4. 我觉得我可能将要发疯。
(　　)5. 我觉得一切都好，也不会发生什么不幸。
(　　)6. 我手脚发抖打战。
(　　)7. 我因为头痛、颈痛和背痛而苦恼。
(　　)8. 我感觉容易衰弱和疲乏。
(　　)9. 我觉得心平气和，并且容易安静坐着。
(　　)10. 我觉得心跳得很快。
(　　)11. 我因为一阵阵头晕而苦恼。
(　　)12. 我有晕倒发作，或觉得要晕倒似的。
(　　)13. 我吸气呼气都感到很容易。
(　　)14. 我的手脚麻木或刺痛。
(　　)15. 我因为胃痛和消化不良而苦恼。
(　　)16. 我常常要小便。
(　　)17. 我的手脚常常是干燥温暖的。

续表

(	)18. 我脸红发热。
(	)19. 我容易入睡并且一夜睡得很好。
(	)20. 我做噩梦。

焦虑自评量表评定方法

A、B、C、D 依次计 1、2、3、4 分，第 5、9、13、17、19 题反向计分，即 A、B、C、D 依次计 4、3、2、1 分。将 20 个题的得分相加，得到原始总分，通过转换(标准分 = 原始总分 ×1.25)可换成标准分。

标准分低于 50 分者属于正常群体。50 ~ 60 者为轻度，61 ~ 70 者是中度，70 以上者是重度焦虑。超过 50 分表明有抑郁症状，应主动调节情绪状态或向心理工作者求助。

测一测

自我情绪描述

请完成以下句子

1. 当______________________________，我会很生气。
2. 当我生气的时候，我常会有__________________的感受。
3. 当我生气的时候，我常会__________________，平息心中的怒火。
4. 我是一个在情绪上__________________的人。

第九章　导游员的人际关系与沟通

培训重点

- 掌握良好人际关系的交往原则
- 了解有效的人际沟通
- 掌握人际交往与沟通的技巧

第一节　人际关系概述

人际关系是人与人之间在活动过程中直接的心理上的关系或心理上的距离,也就是双方在人际认同、人际情感和交往行为中所体现出来的彼此寻求满足需要的心理状态。人在社会中不是孤立的,人的存在是各种关系发生作用的结果,人正是通过和别人发生作用而发展自己,实现自己的价值。

一、良好的人际关系的一般原则

(一)平等原则

平等是建立人际关系的前提。人际交往作为人们之间的心理沟通,是主动的、相互的、有来有往的。人都有友爱和受人尊敬的需要,都希望得到别人的平等对待。人的这种需要,就是平等的需要。因此,切忌因工作时间短、经验不足、经济条件差而自卑,也不要因为自己是大学毕业生,年轻貌美而趾高气扬。这些心态都会影响人际关系的顺利发展。

(二)相容原则

相容主要是指心理相容,即人与人之间的关系融洽,与人相处时的容纳、包涵,以及宽容、忍让。要做到心理相容,应注意增加交往频率,寻找共同点;谦虚和宽容。为人处世要心胸开阔,宽以待人。要体谅他人,遇事多为别人着想。为了事业,团结有力量,作出一些让步是值得的。

(三)互利原则

俗话说“来而不往非礼也”,人际交往是一种双向行为,只有单方获得好处的人际交往是不能长久的,所以要双方都受益。这种受益不仅是物质的,还有精神的、感情的交换而使各自的需求得到满足,为此,交往双方都要乐于付出和奉献。

(四)信用原则

信用是指一个人诚实、不欺骗、遵守诺言,从而取得他人的信任。“一言既出、驷马难追”。朋友之间,言必信、行必果、不卑不亢、端庄而不过于矜持,谦虚而不矫饰诈伪,要充分显示自己的自信心,取得别人的信赖。上述这些人际交往的基本原则,是处理人际关系不可分割的几个方面。运用和掌握这些原则,是处理好人际关系的基本条件。

二、人际交往的技巧

在人际交往中,一些常用的技巧可以使我们更快拉近彼此的心理距离,这些技巧包括:

(1)记住别人的姓名,主动与人打招呼,让别人感到备受尊重。

(2)举止大方、坦诚热情,使别人感到轻松、自在,激发交往动机。

(3)培养开朗、活泼的个性,让对方觉得和你在一起是愉快的。

(4)培养幽默风趣的言行,给人以美的、愉悦的享受。

(5)做到心平气和、不乱发牢骚,这样不仅自己快乐,涵养也高,别人也会心情愉悦。

(6)要注意语言的魅力。安慰受创伤的人,鼓励失败的人,赞扬取得成就的人,帮助有困难的人。

(7)处事果断、富有主见、精神饱满。充满自信的人容易激发别人的交往动机,博得别人的信任,产生使人乐意交往的魅力。

第二节　导游员人际关系与沟通的改善

一、有效的人际沟通

从工作到生活，人无时无刻无处不在和别人进行着沟通。沟通无所不在。无论你扮演什么样的社会角色，身为家庭的成员、企业中的员工或是领导，都必须了解、掌握与人沟通的技巧。沟通在人际互动中始终起着关键性的作用。卡耐基基金会研究显示，成功人士的成功因素中，只有15%是由于拥有专业知识和技能，而其余的85%则来自沟通能力和领导力。因此，培养卓越的沟通能力，是迈向成功人生的关键要素之一。

在沟通过程中，需要学习和明确沟通以下三大要素：

（一）沟通一定要有一个明确的目标

沟通要有一个明确的目标，这是沟通最重要的前提。只有大家有了明确的目标才叫沟通，没有目标的交谈，不是沟通，而是闲聊天。我们常常没有区分出闲聊天和沟通的差异，经常有人说："某某，咱们出去随便沟通沟通。"随便沟通沟通，本身就是一对矛盾。所以，我们在和别人沟通的时候，见面的第一句话应该说："这次我找你的日的是……"沟通时说的第一句话要说出你要达到的目的，这是非常重要的，也是你的沟通技巧在行为上的一个表现。

（二）达成共同的协议

沟通结束以后一定要形成双方（或者多方）都共同承认的一个协议，只有形成了这个协议才叫做完成了一次沟通。只有形成了一个明确的协议，才有助于营造和谐的沟通氛围，促进沟通双方相互理解，提高工作效率。在我们和别人沟通结束的时候，我们通常要用这样的话来总结：非常感谢，通过刚才的交流，我们达成了这样的协议，您看是这样吗？如果是，希望以后我们都遵守。这有助于沟通双方再次明确沟通的主旨。

（三）沟通信息、思想和情感

沟通的内容不仅仅是信息，更加重要的是思想和情感。信息、思想和情感哪一个更容易沟通呢？是信息。例如：现在是几点了？还有几个小时到达目的地？这样的信息非常容易沟通，而思想和情感是不太容易沟通的。在我们工作的过程中，很多障碍使思想和情感无法得到一个很好的沟通。事实上我们在沟通过程中，传递更多的是彼此之间的思想，而信息并不是主要的内容。

二、解决冲突的步骤

导游员在工作的过程中，服务各种各样的游客，难免会遭遇到许多冲突或者阻力，如果一遇到冲突、阻力，就害怕、心慌、退缩而不知道如何解决，将会导致人际关系的僵化。在沟通时最怕的是不了解自己，也不了解别人的需求。解决人际冲突的步骤是：

(1)深入沟通，倾听、辨别双方的需要。

(2)承认并接受彼此冲突的需要。

(3)双方协商解决办法，达成一个协议并约定遵守。

因此，与他人沟通应遵守的三原则为：

(1)尊重对方人格，尊重对方的自尊心。

(2)不要随意批评别人，批评要对事不对人。

(3)打开对方的心扉，坦诚相待。

沟通不是片面地“你听我说”，而是双方相互了解的过程，在双方相互了解的基础上，才有进一步说服对方接受你的主张的可能。

说服他人三步骤依次如下：

(1)让对方了解你所说的话。

(2)对自己的主张必须充满信心及热忱。

(3)必须明确表示自己所主张的事能使对方获利。

以下几点是化阻力为助力——无往不利的人际关系法则：

(1)任何人都希望获得他人的赏识与器重。

(2)如果对方尊重我，我也会尊重对方。

(3)用三分之二的时间考虑对方的主张，剩下的三分之一时间才考虑自己的主张。

(4)我为别人工作之后，别人也开始为我工作了。

本章小结

在当今人际交往频繁而又关系复杂的社会里，人际关系在实现自己的价值中具有重要的作用，人际交往是为人处世的基本知识，学会如何与人交往、相处和沟通是人生道路上的必修课。

思考题

1. 我的人际关系状况如何?

2. 在以后的工作中,如何与人沟通、合作,完成工作?

心理游戏

学会沟通

材料准备:一些 A4 的白纸。

游戏规则:

(1)将 A4 纸发下去。主持人说:“来,每两人共分一张 A4 的白纸,每个人一半。”

主持人的话讲到这里就不讲了,猜猜看,会发生什么事?有的人就把这张纸“哗”地撕开了,有的是横着撕,有的是竖着撕。主持人如果提出质问:“我说要撕开吗?”大家就会笑起来。这就是沟通不良。主持人只说这一句话,马上就出现不同的结果。

重新分发 A4 纸,主持人说:“来,每两人共分一张 A4 的白纸,每个人一半。”这一次没有一个人撕了。

接下来主持人作个示范,并说:“现在每个人半张,然后这样子撕。”

于是大家全部都照主持人那样,“哗”地将纸撕开。

(2)主持人说:“将半张纸分成一样大小的四条。”

马上就会出现两种方法,有的是这样分,有的是那样分,不是四条瘦的,就是四条胖的。又不一样。主持人说:“我要四条瘦的。”于是分成胖的纸条统统丢掉。把纸发下去再分,这回每个人都是四条瘦的了。

(3)主持人说:“将每一条放在另一条的中间。”

结果全场至少出现了五六种叠放的样子,有的像“米”字,有的像“井”字,有的统统叠放在一起,总之,各式各样的都有。

此游戏说明,话只要不讲清楚,大家就马上按照自己的想法去做了。做这个游戏,可测验我们是否把话讲清楚了。所谓沟通的过程,就是一个人要在信息发出来时开始编码,这叫做用一种方法讲给别人听。然后,经过一个渠道以后,到另外一个耳朵里面开始解码,即人家的话我是否听得懂。

心理自测

人际关系调查表

你最喜欢单位里的哪一位同事？原因为何？（最多只能写三人）

你最讨厌单位里的哪一位同事？原因为何？（最多只能写三人）

第十章　导游员感情、婚姻与家庭生活的调适

培训重点

- 了解“爱”的内涵
- 了解男女两性对“爱”与“性”的观点
- 了解成功婚姻的特质和意义
- 了解家庭的功能
- 了解健康家庭的特质和养护之道
- 了解健康家庭的维护之道

心理学家艾力克森(Erik Erikson)认为,生命中有八个阶段,在每一个阶段必须面临一个重要危机。个体如何处理这些危机,深深影响着个体人格形成与生活适应(见表10－1)。其中第六个阶段成年前期(约18岁开始)主要危机是亲密与孤立,其重点在于亲密人际关系的发展。拥有亲密的知己朋友、情人以及婚姻伴侣皆是此阶段的重要任务,这些任务如能在此阶段完成,则能顺利度过这一阶段的危机,反之,则将会感到孤独、疏离、没有朋友,并影响未来生活。

哈维赫斯特(R. Harighast)针对成人生命发展的任务,提出基本的架构。他指出,由18岁到35岁,人生工作主要集中于择偶、结婚、成家及养育下一代等。35岁到60岁的中年人,他的人生工作主要是完成成年人的公民和社会职责,建立并维持某种经济水准的生活,帮助青少年子女成长为可靠幸福的成年人,开展中年期的闲暇活动,与配偶维持密切关系,承受并适应中年期的生理变化,与年迈父母相互适应。60岁以后的晚年期,人生工作则是适应丧失配偶的生活及情绪调适。由此可知,亲密关系的建立、择偶、结婚、成家及养育下一代等,在人的一生中占有很重要的地位。

温馨的友情，绚丽的爱情，美满的婚姻，幸福的家庭是每一个人都期待的，然而在当下的社会中，我们却发现有越来越多的人活得很孤独，爱得很辛苦，婚姻维持得很吃力，而家庭关系却也越来越脆弱。原因到底出在哪里呢？因此，本章拟针对这些问题作较详细的探讨。

表 10－1　艾力克森人格形成与发展的八个阶段

Ⅷ成年晚期								统整 对 失望
Ⅶ成年中期							生产 对 停滞	
Ⅵ成年前期						亲密 对 孤立		
Ⅴ性欲和青少年期					认同 对 角色混乱			
Ⅳ潜伏期				勤勉 对 自卑感				
Ⅲ运动—性蕾期			主动 对 罪恶感					
Ⅱ肌肉—肛门期		自主 对 羞耻怀疑						
Ⅰ口腔—感觉期	基本信任 对 不信任							

第一节　感情生活

一、两个实例

很多人都羡慕地说我们是很亲密的一对，无论从外表、个性、家世来看，仿佛除了她以外，再也没有人配得上我……从大学一年级开始，当我在班上发现她，那种感觉，真难形容，只觉得以前都是白活的！从那以后，我的心里再也容不下另外一个女孩。过了半学期，她终于属于我了。每天我接她上学，上课坐在一起，下课我送她回家，天天形影不离。

我们在一起，一切都很顺利，双方家长及亲友也都赞成我们交往。只是，我总觉得少了什么，爱情之外似乎还缺了什么东西，最近这种感觉格外强烈。再过几个月就要毕业了，在最近的一次毕业旅行中，我发现和相处四年的同学竟然无话可说，和大家都有隔阂。班上好几个同学的名字至今仍叫不出来，这个学校使我既熟悉又陌生。而明天，星期四，一大早就有课，我还得早起去接她……

九点整，电话铃声准时响起，家里没有一个人去接，他们都很清楚，这是我的电话，我无可奈何地拿起话筒，心想：八成又是他。

我是一个好胜心很强的女孩，大学念的是师范，毕业后，顺利进入一所中学任职。

我的上司（主任）大我十岁，为人诚恳、稳重，对我非常照顾，常常嘘寒问暖，是个会体贴人的男人，而我一直把他当兄长看待。偶然，在一次学校同事聚餐后，他送我回家，路上他表白了对我的感情，之后他开始约我看电影、喝咖啡。我感动于他的真心，于是开始和他约会。交往一段时间后，问题出现了。我的个性强，活泼、喜欢热闹；他正好相反，内向、保守、刻板。偶尔我穿戴时髦，打扮花哨，他就不高兴。我喜欢户外活动，他却偏偏爱待在家里看书听音乐，莳花种草。虽然，我们彼此内心里都深爱着对方，刚开始彼此都还能迁就，但后来我们都觉得很累，最近他向我求婚，希望我嫁给他，怎么办呢？我和他的差异是如此之大，这样可以结婚吗？

由这两个例子,我们可以发现“爱”令他们很困扰。

二、爱的内涵

在历史、文学、戏剧中,我们读过很多爱情故事,在现实生活中我们看过很多爱情故事,也许还亲身经历过,但却是不尽相似。“爱”使人“冲冠一怒为红颜”,使人“不爱江山爱美人”,使人“不想相思却为相思苦”……“爱”以各种不同的面貌,永恒地困扰、纠缠着人类。所以无论时代如何变迁,它一直都是流行的话题,但“爱”是什么?却不是人人都能说清楚的。

在某大学的感情心理学课程中,教师就“爱是什么?”与选修此课程的学生进行讨论,学生们非常踊跃地发言,表达他们对“爱”的理解。他们说:

爱只可意会不可言传。

爱就像吃河豚,味美但危险。

爱是一种严重的精神病,令人行为失常。

爱是一朵长在断崖上的灵芝,想要得到必须有勇气。

爱是恒久忍耐又有恩慈。

爱是一种悲剧。

爱是看到他脸红、心跳加速的兴奋剂。

爱是……

从课堂讨论中,不难发现每个学生对“爱”都有自己的定义,也许“爱”是一种主观直觉的心理状况。有些心理学家曾对“爱”的本质作过探讨,下面举几位较常提及的观点。

鲁宾(Zick Rubin)认为爱有三个元素:关怀、依附和亲密。“关怀”是指愿意为对方伸出援助之手,特别是在对方需要时。“依附”是指愿意与对方长相厮守,是一种情绪上的依赖。而“亲密”则包含了自我袒露、了解、信任。鲁宾以此三元素编制“爱情量表”,并以正在恋爱中的美国大学生为测验对象。结果鲁宾发现,两人若是在爱情量表上得高分,则两人互相注视的次数较多,也表示他们正在恋爱以及将来会结婚,而且六个月后,他们也仍然在一起。国内的同类研究也发现有类似的研究结果。

耶鲁大学教授斯滕伯格(Robert Sternberg)提出“爱情三维度”理论(见图10-1)。他强调“爱”实际上可以从三个方面来看——亲密、热情及承诺。其中亲密是“爱的情绪”(感情)元素,指两人间投合、相知相惜、心灵结合的情感,两人交往时可借感觉来沟通,分享个人所拥有的,包括时间和自我,并提供情感上的支持。热情是“爱的动机”元素,包括了生理上的需求和冲动,如相处时的感受、外表与吸引力等都属于热情层面。“承诺”是“爱的认知”元素,指两人之间的承诺,是一种理性的抉择,也是维持两人关系长久的动力。承诺通常由忠诚、关系的建立、患难与共,或是借订婚、结婚等付诸实现。斯滕伯格强调在“完整的爱”中,这三个元素缺一不可。也就是两人之间必须在情绪上、生理上及认知上能满足与肯定。

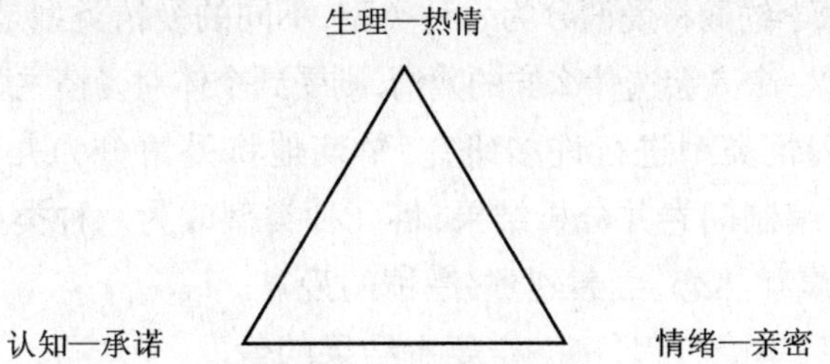

图10-1 爱情三角形

心理学家弗罗姆(Erich Fromm)认为爱是人类与生俱来的能力,但需要不断学习如何去爱,才能将爱的能力发挥出来。他强调爱人之前要先能爱己,并认为“真爱是给人自由,而非束缚”,真爱应包括下列四项因素:

- 愿意了解。
- 用行动表示关心。
- 关系的献身感。
- 责任感。

心理学家弗兰克尔(Victor Frankl)认为爱的态度有三种形态:最原始的态度属于身体方面,是性的态度,即针对他人的身体现况引起性的刺激,触发性冲动。其次是迷恋,要比前述态度更深入到对方的内心,直逼他人的心理方面,但是仍然不能达到对方的核心。第三层次是针对对方的精神方面的爱。属于第三层次的爱不再停留在身体或情绪方面的兴奋,乃是在精神方面有深深的感动,被对方人格的核心所感动。第三层次的爱是通过身体及心理的“衣裳”去看其精神的人格。因此,关键不在于身体特征或心理特征,而在于对方的人本身。真实的爱是以对方的精神人格的独特性为对象,因此,不可能“转移”;如“恋情”,就很容易“转移”到相似的对象。除此之外,真实的爱在时间上是永恒的,它与性兴奋状态所表示的短暂性不同。性冲动一旦满足就会消逝,心理的恋情也不可能持续,唯有精神人格所导向的精神方面的行为可以恒久持续。

综合上述各家之说,“真爱”以“承诺”为两性关系持续与否的核心。“亲密”与“激情”则是“承诺”的延续。关怀、照顾、责任及了解皆是有爱的表现。真爱不是被动而来,爱是与生俱来的能力,但需要主动积极地学习。真爱是以对方精神人格的独特性为对象,所以,真爱是可以永恒不变的。

三、爱的类型

美国心理学家李约翰将爱情分为六种类型,不同的爱情类型是根据不同的爱情需求发展出来的。一个人会选什么样的爱情,则受到个体对爱情主观定义所左右。

李约翰针对爱情类型进行许多研究,早期他将爱情分为九种类型。后来根据许多个案资料,编制问卷并分析结果,将九种类型改为六种类型。

(1)热烈型:疯狂热恋、轰轰烈烈,激情的爱。

(2)游戏型:只享受过程,不一定要有结果的爱。

(3)友伴型:细水长流、宁静无波的爱。

(4)依附型(热烈型+游戏型):因恋爱而心神不宁,情绪波动大的爱。

(5)无私型(热烈型+友伴型):愿意自我牺牲、不求回报的爱。

(6)计划型(友伴型+游戏型):理智的、顾虑现实条件挑选对象的爱。

每一个人爱的类型常因对象不同而经验不同,也可能随着个人成长韵律而有变化。但若以婚姻与家庭取向来看,友伴型与计划型的爱情较理想。因为婚姻与家庭生活是终其一生的,其中需要的是细水长流的感情,随着岁月渐增的感情,虽非十分伟大动人,但是最能持久的。

计划型之爱,虽然听来不够罗曼蒂克,但是在婚姻的现实之中,就是需要有重实际、就理论事的、互补互足的相处方式,这种实用之爱能帮助两人协调合作,有良好功能。

无私型之爱是重视对方的需要超过自己的。人在婚姻中不宜一味牺牲,更不要否定自己的需要,但是婚姻中是无法完全没有牺牲成分在内的,因此无私之爱中的不自私,乐于为对方服务,考虑对方的需求,仍是需要的。

四、男女两性对“爱情”的反应

根据流行的刻板印象,女人比男人更容易陷入浪漫的爱情中,“爱情是女人的生命”,“女人是为爱而生,为情而死”,而“感情只是男人生命的一部分”。然而有专家学者却指出,女人的爱情反应是“LIFO”型——“晚进早出型”(last in, first out)，而男人是"LILO"型——"早进晚出型"(first in，last out)。即女人比男人较晚进入情况，且一见情形不妙能及早撤出，而男人则是容易坠入情网，却又不易撤出。

因此，研究者归纳出以下几点两性对爱情反应上的不同：

(1)女人比男人较不罗曼蒂克。

(2)女人比男人较小心坠入情网。

(3)女人比男人较不相信有罗曼蒂克爱情存在。

(4)女人比男人在恋爱中较不快乐。

(5)女人比男人较容易从恋爱中清醒，也较能斩断情丝。

(6)女人比男人较难在爱情中发生亲密关系。

(7)女人比男人较能主动表示分手的意愿，而男人则较喜用时间、空间(利用疏远、冷淡和对方自然不来往)解决问题。

(8)女人比男人容易嫉妒，两性的嫉妒焦点也不一样。男人嫉妒的原因常与性有关，女人则比较跟感情有关；"移情别恋"对男人来讲常是女人跟别的男人发生性关系，对女人而言则常是男人将感情转移到其他女人身上。

(9)女人比男人更不易信任对方。

五、两性交往的过程及应注意事项

(一)两性交往的过程

雷斯恩(Lei Sien)的《爱情之轮》(见图10－2)将两性交往过程分为四个阶段：

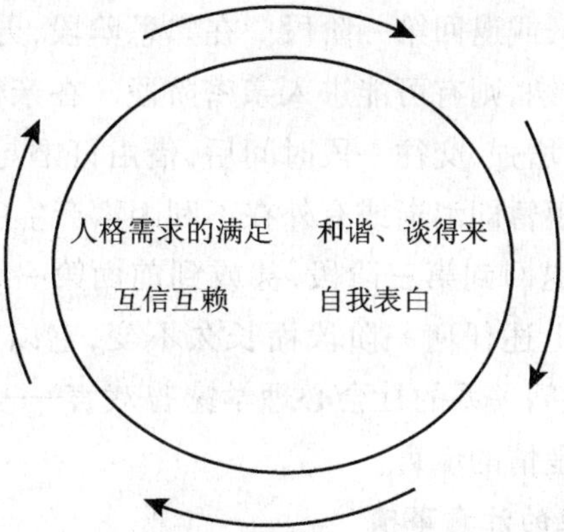

图10－2　爱情之轮

(1)和谐谈得来(rapport)。

(2)自我表白(self - revelation)。

(3)互信互赖(mutual dependency)。

(4)人格需求的满足(personality and fuefillment)。

上述四个阶段彼此相连,轮子的转动方向可由一而四也可由四而一,或者由其中任何一个阶段开始。在恋爱过程中如有不利因素产生,轮子转动的方向可能倒转过来,甚至停止不动,使爱情无法再发展。

史丹达尔(Stendhal)认为爱有七个步骤:

(1)感叹——称赞、赞美对方。

(2)亲近——想接近对方。

(3)希望——寄予希望,认为也许自己的想象能实现。

(4)爱心——自觉到能用爱去关怀对方。

(5)互相交谈——知道彼此的感情。

(6)怀疑——对方的任何举动都会引发"为什么"的感觉。

(7)信任——经得起考验的信赖。

一般来说,大部分男女两性之间的感情交往,较理想的是采取循序渐进的方式进行——依认识、了解、熟悉、亲密等顺序,由友情而发展成爱情。在认识阶段,男女之间一起借由参加大团体(如四五十人的郊游)或小团体(三至五人的固定聚会)的活动而认识,如彼此对对方有较佳的印象,则可能会与对方多聊几句聊得来的话,话题一多,则在交往过程中逐渐了解并熟悉对方,但如"话不投机",则可能停留在第二阶段,或退回第一阶段。在熟悉阶段,男女之间如感受到对方对自己的情感支持与接纳,则有可能进入亲密阶段。在亲密阶段,男女间感受对方的支持与接纳一直在增强,交往一段时间后,借由订婚与结婚契约完成终身大事,但如亲密感受只是短暂即消逝或有外在不利因素产生(如父母的反对等),则此阶段男女关系,可能退回到第三阶段,甚或到前面第一、第二阶段。总之男女间的交往,很少停留在上述任何一阶段而长久不变,它以"不进则退"的动态存在。所以研究男女两性间关系的社会心理学家曾戏言——山盟海誓、海枯石烂、此心不变这类的话,是爱情的谎言。

(二)男女两性交往的注意事项

在男女两性交往时,有几件事是需要特别注意的。

1. 男女交往的观念

男女两性的交往经由普通的友谊进展到一对一的爱情时,就会有亲密行为的产生，从互相讲话、牵手，到勾肩搭背、接吻、拥抱，最后到爱抚及性行为。许多年轻男女对于婚前亲密关系的允许程度感到十分困惑，常在要与不要中挣扎，但也有许多人处于爱情的关系中，性满足就已达到了结婚后的程度。性行为对男女间感情是否有帮助，以下研究可供参考。

一项由鲁宾（Zick Rubin）所做的对美国大学生的研究指出，在长达两年的研究开始时，接受研究的大学生中，每对情侣在一起的时间平均为八个月，其中3/4和对方约会。然而，他们之中很少有人有明确的结婚计划，却有82%已发生性关系。在鲁宾的研究中，不管是在约会早期或后期发生性行为，或是禁绝性行为者，他们的态度与他们两年后的关系均不相关。在约会初期发生性行为并不会使情侣更容易（或更难）坠入情网。同时，禁绝性行为（或是持温和性态度）也不会增加（或减少）发展成为持久关系的机会。

对性与爱的看法，有人持传统的观点，认为绝对不可以有婚前性行为；也有人持开放式观点，认为性是约会中必然的产物，没有什么不妥的；还有人持较温和的观点，认为爱是性的先决条件，而性是表达情感上的亲近，有爱即可有性。但一般来说，如果在交往阶段就发生性的关系，而最后又不能产生婚姻的结果，常会使我们在价值观、道德观及自我人格上无法达到良好的评估，对未来人格成长易产生不利的影响。

2. 遭遇感情挫折时的处理方法

（1）自己先冷静，等情绪和缓之后，再寻求感情受挫原因。如能补救则采用适当方式补救，如不能补救，检讨自己的缺失，努力改进，把挫败当成锻炼与培养自己的经验。不要将失败归咎于对方，甚或伤害对方。

（2）寻找其他方面自己所喜爱的事情来做，如看书、爬山、运动等，避免留给自己太多的空闲时间去钻牛角尖。或将情绪转移至其他方向，例如学习音乐、参加运动等，以其他方面之成就来加强肯定自己的价值。

（3）感情失败并不代表其他方面也失败，坦然面对感情的创伤，并相信伤害一定会治愈的。

（4）宽恕他人，是解救自己痛苦的开始，故应扩大心胸，原谅他人。

（5）不要因感情挫折，而对其他异性产生偏见；也不要为逃避痛苦或报复，匆忙投入另一次恋爱中，如此而为，将可能使自己再受一次伤害，甚或牵连无辜的第三者。

（6）寻求专门的心理辅导。如无法自拔，可寻求心理专业人员协助，让专业人员协助你走出这次低潮。

3. 与异性交往时应有的态度

(1)以真诚的态度与所爱的人交往。

(2)尊重对方的意愿,不可强迫。

(3)让长辈认识对方,并多听多想长辈的意见,以作为选择判断的参考。

(4)保持合适的亲密距离。

(5)尽量保持客观冷静的态度,感情的付出应在了解对方之后,勿盲目一相情愿。

第二节　婚姻生活

“男大当婚,女大当嫁”,虽说并非每一个人都适合结婚,婚姻对于人类还是很重要的一件事。它能满足人类生理、心理情绪上的欲望,尤其对大多数生活容易产生疏离感、挫折感的现代人来讲,婚姻是件终身大事。

婚姻是人类生活中最复杂的矛盾,也是最亲密的人际关系。夫妻间在共度漫长的岁月中,彼此的奉献与牺牲,付出与获得,若仔细讨论,其间的错综复杂远超出我们的想象。婚姻使我们的感情得到归依与寄托,婚姻使人类得以代代繁衍下去,婚姻使个体潜能得以在生活中扩展与实现,总之婚姻对人类生活有重大影响贡献,它是值得我们关心的主题。

一、婚姻的本质

婚姻曾被比喻为许多不同的东西。有人诋毁它,认为婚姻是爱情的终结或说是坟墓;有人称赞它,说它是爱情的升华和保障。另外一些人则认为,婚姻就是婚姻,是人生必经的历程,无所谓好坏。

那么,婚姻到底是什么呢?有些社会学家为婚姻下了个相当写实的定义:“不论古今,婚姻均是一个新建立的客体。”它的意思是说,对已步入婚姻门槛的人,婚姻是一种“个人经验客观化”的历程,几乎在每一件大小事上,夫妻两人都是相互联系的,随时都应考虑对方的立场与存在。

从法律方面来看,婚姻就是经由法定程序,使两个没有任何血缘的人形成一个家庭,彼此冠上“丈夫”或“妻子”的头衔。伴随着这个称谓而来的,有许多权利和义务。

从宗教的方面:根据《圣经》的教训,婚姻是上帝所设立的神圣制度,结婚是一男一女的终身盟约,而且结婚之后夫妇要相爱。

从个人的方面:现代婚姻里,情绪性关系被强调。梅斯(Mace)曾言:"由于现代人逐渐不再基于家庭及社会的理由,而趋向于为了个人的满足及情绪的安全而结合。因此,有史以来人类首次普遍地强调婚姻关系的重要性。人们企望,借着这种相伴随的关系(companionship),来满足个人心理上被爱、爱人,以及有所归属,和生理上性的需要。"

二、择偶的条件

婚姻的组合虽说情与爱的成分大些,但其间也掺杂着强烈的"社会交换"意味。因为在情爱之外,人们在寻找终身伴侣时,多半会考虑双方的社会地位、家庭背景、教育程度、健康状况等条件。

1984 年,中国台湾《张老师》月刊以社会青年及大专学生为对象调查择偶观,以了解现代男女心目中愿意共度一生的条件是什么。

结果显示了一些社会变迁的轨迹,而传统的色彩又没有完全消退,可见人们在寻求伴侣时,正融合传统与现代的文化元素。

根据这项调查,男女的十大择偶条件分别列于下表(见表 10-2)(资料引自吴就君、郑玉英编著《家庭与婚姻咨商》)。

表 10-2　桃花排行榜

找妻子的十大条件	找丈夫的十大条件
能共同奋斗的	有责任感的
孝顺的	顾家的
身体健康的	上进的
善良的	踏实的
以家庭为重的	可靠的
专情的	身体健康的
体贴的	坦诚的
无不良嗜好的	品格端正的
温柔的	有抱负的
善解人意的	有内涵的

(资料来源:《张老师》月刊,1984)

美国艾奥瓦州立大学的一项大型调查发现,男性越来越青睐受过良好教育、聪明有才气且收入稳定的女性。据了解,这项研究自1939年以来,每隔10年都会进行一次。

在2008年的研究中,男性希望伴侣具备的"必备特质"包括:相互吸引和爱情、值得信赖、情绪稳定;重要特质有:受过良好教育且聪明、外表俱佳、有思想;最期待伴侣有"良好的经济能力和工作前景"以及"良好的厨艺和操持家务能力"。女性希望伴侣具备的"必备特质"是:相互吸引和爱情、个性独立、情绪稳定;重要的特质包括:受过良好的教育且聪明、对家庭和孩子有责任感、有抱负。

研究负责人克里斯汀·威尔兰(Christine. W)指出,和以往相比,本次调查显示出现代人寻找伴侣时更强调经济独立性。对男性而言,"良好的工作前景"这一项特质在1939年仅排名第17位,在1967年的调查中排名垫底,而在2008年被提升到了第12位。

同时,超过八成的女性希望丈夫懂得感激和"说谢谢"。"感谢之词是让女士保持心情愉悦的最简单方法。"心理学家通过研究发现,那些深刻感受到被伴侣喜爱的女性,在面对繁重家务时抱怨会少一些,也更容易获得满足感。

以下两则网络调查的结果,虽然不能完全达到学术研究的要求,但也在一定程度上反映了择偶条件的变化情况。

2009年1月21日至2009年2月13日,网易女人在网络情人节活动期间发起择偶关键词调查,推出30多个具体关键词供大家选择,截至2009年情人节前夕,共收到网友投票529 033枚(数据现已超过60万)。其中来自男性网友投票289 419枚,来自女性网友投票239 614枚,从而得出男性网友择偶十大关键词和女性网友择偶十大关键词。结果如表10-3所示。

表10-3　择偶十大关键词

男性网友择偶十大关键词	女性网友择偶十大关键词
1. 长相耐看(45 503票)	1. 看着顺眼(33 859票)
2. 处女(24 731票)	2. 讲卫生(20 545票)
3. 会做饭(24 198票)	3. 有一技之长(18 535票)
4. 爱整洁(22 916票)	4. 有房(16 831票)
5. 苗条(20 979票)	5. 收入高(16 753票)

续表

男性网友择偶十大关键词	女性网友择偶十大关键词
6. 丰满(20 724 票)	6. 人缘好(15 990 票)
7. 有才气(18 396 票)	7. 个子不矮(15 464 票)
8. 长发(18 383 票)	8. 外向开朗(14 485 票)
9. 个子高挑(17 390 票)	9. 家庭负担小(12 493 票)
10. 比较外向(14 446 票)	10. 不抽烟(12 079 票)
11. 会打扮(14 337 票)	11. 会做家务(11 503 票)
12. 家庭负担小(13 574 票)	12. 本科以上学历(10 232 票)
13. 本科学历(10 249 票)	13. 不秃顶(8681 票)
14. 个子娇小(6618 票)	14. 不肥胖(7977 票)
15. 收入高(5526 票)	15. 有车(7729 票)
16. 比较宅(4410 票)	16. 不喝酒(6259 票)
17. 有房(3366 票)	17. 花钱大方(4798 票)
18. 有车(2308 票)	18. 处男(3985 票)
19. 短发(2095 票)	19. 内向居家(10 232 票)

(资料来源:http://lady.163.com/special/00262EL6/2009selection_mate.html)

2011 年年初,针对“中国网友择偶关键词”,腾讯女性在系列专题《男欢女爱》中广泛征集网友投票和意见,共有近 20 万名网友参与投票,万名网友在腾讯微博参与话题互动,最终产生的 2011 年中国网友最新择偶标准如表 10-4 所示。

表 10-4　2011 年中国网友最新择偶标准

男性网友择偶标准	女性网友择偶标准
1. 我们相爱(13.6%)	1. 有责任感(13.4%)
2. 温柔体贴(11.8%)	2. 我们相爱(11.3%)
3. 身体健康(10.1%)	3. 身体健康(11.1%)
4. 外形可人(8.5%)	4. 会照顾人(9.7%)

续表

男性网友择偶标准	女性网友择偶标准
5.20～30岁(6.4%)	5.他(单方)爱我(6.5%)
6.无不良嗜好(6.3%)	6.有房(5.8%)
7.她(单方)爱我(6.2%)	7.外形帅气(5.0%)
8.苗条(4.8%)	8.幽默(4.7%)
9.处女(4.7%)	9.可以分担家务(4.5%)
10.厨艺好,会做家务(4.5%)	10.无不良嗜好(4.4%)

(资料来源:http://lady.qq.com/zt/2011/valentine201)

三、成功的婚姻

成功的婚姻是每个人所期望的。但怎样的婚姻才算是成功呢?要如何才能塑造成功的婚姻呢?根据多位学者的研究和建议,综合整理如下。

(一)必须是两个身心成熟的个体

感情并非是美满婚姻的保证,成熟的个性才是婚姻的先决条件。如果两人在婚姻生活中,不了解自己与对方,不能接纳对方甚至包括对方的家庭,将会使婚姻出现裂痕。

(二)两个人必须彼此相爱且成熟地生活

婚姻中两个来自不同背景不同个性的人,要朝夕长久相处,冲突是难免的,但有爱可以化解与包容对方。而成熟的爱可让彼此间的冲突变成创造、发展婚姻生活的动力,使冲突激励两个人共同成长。

(三)婚姻关系是动态关系,两个人必须共同生长

许多人认为婚姻的诺言是一生的信守,一旦两情相悦,就应永远保持这个境界,但事实上个人的内在、外在条件总会随着时间而改变,如观念、环境、收入、家庭成员等,都会有变化。当变化发生时,共同生活在一起的两个人如没有保持相同的成长步伐,就容易产生彼此的差距,造成彼此间的冲突。因此,在婚姻中两个人必须共同成长,建立共同的人生理想及目标,使两人的精神与心灵能时时相通。

(四)互相尊重、包容与沟通

来自不同家庭,必有不同之处,而婚姻是共同创造和共同生活,这中间却也不能失去自我。因而婚姻就好似是两个相交的圆,其中交错部分代表两人共创的家庭,另外分开的部分,代表有容许自我发展的空间。

(五)在婚前要有良好的心理准备

在婚前要坦诚相处,并学习接纳对方。另外,在婚前,男女双方应该把个人对婚姻及家庭的意义和价值,从观念上进行沟通。再者,两人也必须说明婚后某些生活上的工作安排及分配。比如,谁负责煮饭,谁负责扫地,谁主管钱。凡是生活上的细节,大至家庭经济的处理和儿女教育的问题,小至饮食问题和家庭琐碎之事的责任分工等,若能在婚前彼此沟通并达成共识,婚后为这些芝麻蒜皮之事争吵的机会就减少很多。

(六)作婚姻决定时,必须考虑两个人的背景相似性

背景相似不单指学历而言,修养上及各种见识方面也应有所考虑。包括年龄、教育程度、生活方式、家庭背景、思维模式、价值观,以及兴趣、个性等背景上的相互适合。

第三节　家庭生活

家庭是个体一生中与他人接触最早、关系维持最久,也是最错综复杂的团体。

个体自出生后,便受到家庭的养育和教育。家庭一方面在物质上维持他生命的成长,另一方面在精神上帮助他心智的发展。直到有一天,他能够独立生存和自组新家庭。在新家庭中又孕育新的生命,使人类生命绵绵不断地延续下去。因此"家庭"一直周而复始地存在着。由此可见,一个人从小到大,几乎无时不与家庭发生着密切关系。

心理学者及社会工作者在探讨家庭生活内涵时,有从横向——家庭结构与系统(structure and system)、家庭成员的性格与心理、家庭次系统的人际关系、家庭群体行为与心理、家庭的社会行为与关系来着手,亦有从家庭的纵向——家庭的发展来着手研究。我们在这里除了先探讨社会变迁对家庭所产生的影响外,拟从纵向的家庭发展开始,并综合每一家庭发展阶段加上横向的重点讨论、家庭生活方面的分析,最后就健康家庭特质及维护方法,提高家庭生活品质展开讨论。

一、变迁中的家庭

近50年来，由工业化、都市化的结果形成一个显著的社会现象，那就是家庭结构的改变。

中国社科院社会学研究所唐灿研究员的研究(2006)表明，中国大陆的城乡家庭户人均规模是3.39人，近30年来中国大陆的户人均规模下降了1.42人。核心家庭确已成为主流家庭模式，但是1人户和2人户在近年来呈现出持续增长势头，1人户、2人户和3人户的比例从乡村到镇到城市呈逐步升高的态势，而4人以上家庭则相反。这表明城市化水平与小家庭以及多样化趋势之间的某种关联。一代户和1人户、2人户的增长在很大程度上说明，除核心家庭外，其他非核心化的小家庭式样，如空巢家庭、丁克家庭、单身家庭、单亲家庭等，正在构成我国城乡家庭结构的重要内容。

小家庭制度已经产生，在大家庭制度中，亲戚很多，在团体生活中，可以学习培养良好的人际关系及沟通方式。今日的孩子虽然在小家庭中可以受到父母更多的关注，父母也更能掌握孩子的动向，然而正因为亲子之间相处的机会与时间增多，使得父母一些不当的言行都可能对孩子产生长远的负面影响。另一个使父母陷于困境的社会变迁因素是，过去强调长幼有序、尊卑有别的传统权威的人际关系，已转变成为重视人人平等、互敬互爱的现代民主的人际关系。因此，使得过去旧的教育方式已受到了挑战，根据一些研究与观察，现代的父母更需要来自外界的支援和帮助，因为教育孩子已成为一门科学，一门艺术。

从父母家庭趋向于子女家庭，也就是说以父母为中心的家庭渐趋向以儿女为中心的家庭。子女对父母的要求较往昔多，许多父母成了"孝子"、"孝女"。

父母皆走出家庭核心，职业妇女增多。在量上，与子女相处的时间相对减少。在质上工作压力大，较不易注意关心子女的品行行为，而导致亲子关系的冷淡。

从夫权家庭趋向于民主家庭，家庭经济趋向夫妻共同负担，夫妻不再受传统的约束，两性关系愈见平等开放，家庭纠纷增多，离婚率增高。

在繁忙的生活中，家人相聚的时间减少，关系趋向疏离，冲突增多。

两地家庭(甚或三地家庭——夫、妻、子女各居一方)的出现，造成夫妻感情的疏离，甚而有外遇事件的发生，破坏了和谐的家庭关系。在此种家庭中，子女也得不到父母楷模的力量，道德教育更加困难。

随着大众传播的普及，西方文化的冲击，亲子关系发生改变，问题增多。例如,伦理道德及价值观念在大众传播和西方文化的冲击下产生很大的改变。社会风气重功利、竞奢侈、图享受,公共道德与个人品格也日趋低落,大人所为不但不足以做孩子的榜样,有时还带给孩子不良的影响。

单亲家庭增多引发了一系列的社会问题。从1987年至今,我国的结婚率呈连续下降之势。资料显示,大城市的生育观念和生育行为变化更显著。在上海,不断下降的生育率已使人口进入负增长。许多调查证实,在大城市,由政策导致的强制性节育在很大程度上已转变为由观念导致的自愿节育,甚至不育。婚姻的人口再生产功能正在被年轻一代所淡漠、忽视。生育率下降和不育行为使家庭和婚姻传统的生命周期模式发生改变:生育阶段缩短或取消,无子女生活阶段被大大延长。到2003年年底,全国离婚率达到2.1‰。离婚水平已超过日本和韩国,与新加坡同属亚洲离婚率较高的国家。离婚率的增长,特别是大城市离婚率的迅速攀升,挑战了婚姻所特有的双系抚育功能,使得社会学家心目中最适合子女抚养的制度环境发生了改变。大量单亲家庭的出现带来诸多社会问题,如单亲家庭的贫困化、单亲家庭子女的心理健康以及再婚家庭的和谐等问题。

自实行计划生育政策以来,中国的人口老龄化速度急剧攀升。随着家庭结构的改变和核心家庭的大量出现,空巢家庭和鳏寡孤独家庭也随之增加。老年人因单身或空巢而引发的心理不适现象,如孤独、抑郁、焦虑、烦躁等,在城市已经成为比较突出的问题;在农村,则主要表现为老人的基本生活温饱问题。在农村主要以家庭为养老支柱的前提下,老人一旦丧偶或丧失劳动力,将会面临贫困和生活无助的极大风险。同时,随着家庭结构的变动,年轻一代的赡养观念发生了变化,他们对赡养父母的方式有了不同的理解。城市人中已婚子女更喜欢以探访的方式回馈父母,未婚青年更喜欢以金钱代替照料的方式孝敬父母。此外,随着中青年群体的生存竞争压力加剧,跨地域的流动频繁,生活方式改变和独生子女政策的推行,城市家庭中的代际关系模式受到深刻影响,传统的家庭养老模式需要更新,单纯依赖家庭养老的时代已不复存在。

二、家庭发展任务

家庭并非静态的、长期不变的群体组织,而是按阶段逐步发展的动态结构。就像一个生物体,有生命,有活力,有盛也有衰。通常,一对男女结婚成家,便是家庭生命的开始,随后生育子女,养育子女,子女长大离家,形成新家庭,原本家庭只留老夫妻,空守老年生活,最后去世,原本家庭瓦解消失。所以,家庭亦有它的生命周期。

根据杜佛的说法，一个成功的家庭应能够完成家庭生活周期中所要求的一些任务。当然没有一个家庭是完全成功或完全不成功。一个家庭可能在某些方面较成功，而在另些方面不甚成功。表10－5即为典型的家庭生活史，共分八个阶段，每个阶段皆有重点工作。

表10－5　典型的家庭生活史

阶段	每阶段大约年数	阶段说明	基本技能(任务)
第一阶段	2	没有小孩的已婚夫妇	①配偶二人每日日常生活(事业上与休闲时间)上的互相适应 ②建立新的认同——成人配偶 ③对新的亲戚关系的适应 ④可能开始期待第一个孩子来临。对怀孕的适应
第二阶段	$2\frac{1}{2}$	养育幼儿阶段(长子女未满30个月)	①对新的父母角色的适应 ②学习为人父母的各种技能 ③夫妇与父母角色的协商 ④对事业、前途等工作上的各种适应
第三阶段	$3\frac{1}{2}$	有学龄前儿童阶段(长子女年龄在2~5岁)	①教导培育儿童新的技能 ②对因孩子的成长而失去隐私的适应 ③对事业与生涯的适应 ④对第二个小孩可能降临的准备
第四阶段	7	有学龄儿童的阶段(长子女年龄6~12岁)	①协助每位子女身心的成长 ②对学校需求的适应 ③妻子或丈夫可能重返学校或工作岗位 ④逐渐增加参与子女有关的社区活动
第五阶段	7	有青少年子女在家阶段	①对子女日增自主权的适应 ②计划夫妻的各种活动并做子女离家的准备 ③事业可能在此阶段达到高峰 ④家庭经济在此阶段达到最高峰

续表

阶段	每阶段大约年数	阶段说明	基本技能(任务)
第六阶段	8	步入突飞阶段(自长子女离家到幼儿离家)	①促使成年子女的独立(上大学、工作、结婚等) ②继续给予子女支持帮助,但注意不过分控制他们 ③巩固父母的婚姻生活 ④对可能失去配偶(死亡)的适应
第七阶段	15 ±	中年父母阶段(空巢阶段)	①享受老伴的恩情 ②对健康状况的适应 ③对祖父母角色的适应(若有孙子时) ④保持亲戚关系 ⑤可能增加社区活动或其他休闲活动
第八阶段	10 ~ 15 ±	老年阶段或鳏寡阶段(自退休到死亡)	①对迈入老年及健康衰微的适应 ②接受老人的认同 ③对退休及失去社会或工作地位的适应 ④在健康情况许可的范围内参与有意义的活动 ⑤对可能失去配偶而须独居的适应

(资料来源:蓝采风,1990)

(一)夫妻角色之调适

婚姻中的角色期望和角色扮演是渐进而持续的。中岳曾做过很有趣的调查,他很想了解随着年龄的变化,两性间对于理想的丈夫与理想的妻子之角色期待会有何变化。他认为,良好的夫妻关系,由双方在婚前与婚后角色期待上的变化,以及彼此间如何相互接纳所决定;而且想要彼此的相互期待能够一致,恒久不变,要靠相互的沟通与相互接纳的态度。

关于夫妻角色期望与扮演,较容易有角色窄化现象产生,下有一例可帮助我们了解:

新婚的林美玉老师下班后,即赶回家做家事,六点不到就把家整理得清新干净,并煮好晚餐,等她的先生回家。六点半左右,任职于银行的先生回家,一进家门就依循老习惯,双脚把鞋子踢掉,脱掉袜子往旁边一甩,就坐在沙发上跷起二郎腿放在茶几上,闭目休息,嘴边并不断对林老师说:"今天的账,有些出入,核对得两眼昏花。"林老师却回答他说:"你,现在必须把进家门时乱放的鞋子和袜子收好,并放在该放的位置,刚刚我才把家打扫干净,请你不要再弄乱了,另外,都是大人了,坐要有坐样,两脚不要乱放。"林老师的先生睁开疲倦的双眼,看了林老师好一会儿,之后轻轻叹了一声并说:"是的,老师。"

上例中的林老师可算得上是个贤惠的妻子,只是在角色扮演上似乎欠缺弹性。在学校她是个老师,回到家里他应是个妻子,但她却"角色窄化",不论在学校或在家里,她都只扮演了一种角色——教师,而大部分的先生,忙完一天,回到家里希望看到的是温柔体贴的妻子而非老师。

心理成熟的夫妻,比较清楚在何种情况下彼此要扮演怎样的角色,且能随情况的需要,作适当伸缩性的调整与变化,适应生活的效果也较佳。反之,心理不成熟的夫妻,不是对自己所扮演的角色不清不楚,便是夫妻不能搭档配合,或固执不通融,结果,产生夫妻行为上的问题,无法适应生活。

不同年龄阶段对于夫妻角色类型的期待如表 10-6 所示。

表 10-6　不同年龄阶段对于夫妻角色类型的期待

理想丈夫的角色类型	理想妻子的角色类型
→兄夫 弟夫→友夫→职夫 →师夫 →父夫	妹妻→友妻→婢妻→母妻 姐妻→师妻
注: 父夫:像父亲般可资依赖的丈夫 弟夫:如小弟般憨厚可爱的丈夫 职夫:专心工作赚钱养家的丈夫 友夫:像密友般贴心接纳的丈夫 兄夫:如兄长般呵护帮助的丈夫 师夫:像老师般的丈夫	注: 母妻:像母亲般呵护备至的妻子 妹妻:如小妹般娇俏可爱的妻子 婢妻:专心家务照料起居的妻子 友妻:像密友般贴心接纳的妻子 姐妻:像大姐般照顾帮助的妻子 师妻:像老师般的妻子

(资料来源:中岳,1958)

(二)对双方新的亲戚关系的适应

一个人经由婚姻而与配偶的亲戚产生婚亲关系。这种婚亲关系各有各的特别情况。通常最被关心的,莫过于公婆与媳妇的关系了。媳妇与公婆之间常容易发生问题,其主要心理原因乃是其复杂的三角关系问题,即丈夫、妻子与婆婆之间的微妙三角关系问题。因母亲与儿子之间有常年的特殊母子感情,尤其丈夫是独子,或是自小身体虚弱,常受母亲细心照顾,或母亲很早失去丈夫,生活上及心理上一直很依赖儿子,母子关系很亲近者,而现在儿子忽然有了另一个很有情感的女人,即其妻子。所以,母亲、儿子与媳妇之间的一来一往,均得小心注意适当的平衡。否则,常因顾此失彼而产生各种情感问题(曾文星、徐静,1990)。

在所有的婚亲关系中,除了上述关系外,其他如姑嫂关系、女婿与岳父母关系、公公与媳妇关系等,这些大部分都是三角关系,也较复杂,要维持均衡,夫妻双方需小心处理,并居中扮演沟通协调的角色,方能保持和谐的婚亲关系。

(三)家庭生活与工作之调适

精神分析学派的创立人弗洛伊德强调工作在生活中的重要性,他认为,一个健康的生活所需的是爱与工作,并指出,我们的工作与我们的自我概念息息相关。我们常以我们做什么工作来定义自己,如"我是IBM的工程师","我是一位老师"或"我只是一个家庭主妇"。当我们向他人介绍一位朋友时,通常会提到一个人的职务,如"我介绍王先生给你认识,他是某公司的一位经理"。

葛芬柯(Grafinkel)指出,工作影响我们的人格、家庭生活、社会关系以及态度。工作影响我们的人格,是因工作环境长期呈现的刺激使人格产生变化,而人格又表现在我们的家庭生活、社会关系及态度上,可见工作对我们生活各层面影响之大。

通常导游员的家庭生活较多是属双职工家庭。而导游员工作时间相对不固定,旺季带团的时候,一般都是连续几天回不了家,就算回家了,也是身心疲惫,到家就是睡觉调整精力和体力,不能很好地承担起家庭角色应该完成的事情,只能在淡季团少的时间赶紧帮家里做点家务来弥补。长期如此,很容易让其他家庭成员产生不满情绪。因此,一些导游随着年纪的增长,不再希望那样劳累又长年在外,他们可能听从家人劝导,从而选择放弃导游工作。

(四)父母角色与亲子关系

婚后的夫妻角色,在第一个孩子出生以后,增加了父母角色内容,造成了家庭生活很大的改变,许多妇女表示她们生活最大的改变不是由于结婚,而是由于第一个小孩的出生。父母感到有种新的责任,他们必须要保护与养育另外一个来到世上全然无助的生命。

有孩子后,做父母是苦乐参半的。在美国,一个大规模对学前儿童父母的研究发现,95% ~ 98% 的父母亲,不论他们的受教育程度如何,都认为做父母有一种很大的满足,当问到做父母的快乐是什么时,他们认为与子女情绪的紧密连接是第一位,增添乐趣是第二位。父母喜欢看子女的活动,并跟他们一起玩,自我实现与成熟的感觉也是重要的满足。至于有小孩所带来的不愉快、被小孩缠住,同时花费也不少,并不在意。

从横向来看,父母与子女关系有几种成分,包括抚养、管教及培养。“抚养”是指父母把生理及心理上未成熟的幼小子女抚养成人,并且顺利发展。“管教”指的是协助子女学习再学习的事,包括判断什么是对与不对、该做与不该做的事,以及生活上应学习的生活知识及习惯,使子女能健康成长。“培育”指父母提供子女接受教育的机会,培养适应社会的能力与信心。

从纵向来看,随着子女的成长,父母与子女间的亲子关系也在变化,称为“亲子关系的发展”。父母在子女成长过程中,担负着不同的任务。婴儿很需要依赖父母的“抚养”,不但要父母喂养、照顾,在心理上也很依赖父母。婴儿经父母抚养得到安全感及信赖感,而父母除了继续抚养之外,还要开始给予适当的管教,让幼儿能学习生活上所需的基本知识及为人处世的方法,即什么是应该或不应该做的事,让幼儿能逐渐获得管理与控制自己欲望及冲动的能力。幼儿渐渐获得自主自律的习惯。

在此阶段,父母采用何种管教方式对子女未来有深刻的影响。许多研究报告指出,不同的管教方式,将使儿童呈现不同的人格特质。长岛贞夫曾有深入的描述(见表 10 - 7),特别值得一提的是他认为以民主型养育长大的儿童,具有坚强的忍耐力。罗先兹克也认为这种儿童特别经得起挫折的考验(frustration tolerance)。

表 10 - 7　家教与儿童性格的关系

家教类型	民主型	溺爱型	专制型	拒绝型
父母之养育态度	尊重儿童的自由和独立,客观,不神经质,富于爱心	盲目接纳孩子的要求,不理性,微神经质,富于爱心	不了解孩子的需求,要求孩子服从命令,爱心很强	认为孩子是其工作上的障碍,命令与强制小孩,欠缺爱心
儿童呈现性格	富于创造性、友好性,忍耐力强	欠缺自发性与信心,情绪发展不成熟	权威主义的性格	深具反抗性与攻击性

当子女进入青少年时期,“成为我自己”是个体成熟的重要发展阶段,因此子女拥有独立能力胜于取悦成人。如果父母不了解子女这方面的心理发展状态,而仍视其为幼童,希望他言听计从,那么亲子的冲突便无可避免。反之,如果父母能尊重孩子的独立个性,而给他足够的空间去探索世界,结交朋友,并对子女所从事的活动表现出尊重、关心,则子女也会感受到父母对自己的关爱。当然,尊重并不是放任,而是协助子女建立正确的人生观与价值观。

当子女步入成人期,他已经视自己为成人,因此也期望父母将自己视为成人。这个时期父母应该以“成人对成人”的原则待之,让子女能朝着“长大成人”的方向努力。另外,此阶段的子女需谋求就业、适应工作世界及建立属于他自己的家庭生活,在此阶段,父母宜协助子女在这些方面有良好的适应,也许需要在物质、金钱上支援子女,也许需要在精神上鼓励子女。

到了空巢期,父母一方面学习继续自己生活,另一方面又接受子女的关心及必要的照顾。总之,亲子关系是随着年岁的增长与发展,而动态性地发展与变化的。

三、健康家庭的养护之道

文学家托尔斯泰在100多年前曾说:“所有幸福的家庭都有类似的特质,但是所有不幸福的家庭却有他们各自的原因。”那么,幸福家庭的内涵是什么呢?造成不幸福家庭的原因又是什么?

“健康的家庭”基本上是一个概念上的名词,是“幸福的家庭”、“高品质的家庭”的同义词。它的定义是动态的,“系指家庭关系的模式,包括人际关系沟通技巧与资源的运作。它的形成旨在促进家庭成员间和谐互助关系;它鼓励并发展家庭和个别成员的潜能,并使家庭生活中能有效地处理压力与危机,维系家庭的生存与成长”。当家庭能达到这种境界时,我们称达到高品质家庭生活,以达成整个家庭需求得到满足。换言之,家庭生活品质的高低可以用家庭健康的强度来测量,其内涵较能凸显家庭生活的动态关系。

蓝采风教授与陈皎眉教授曾经于1987年对600余位中、美大学生做了一项有关健康家庭所应具备的特质研究。该研究的发现与史耐特(Stinnett)等人所提出之特质有极类似之处。笔者融合这几项研究结果,归纳健康家庭所应具备之特质,加以阐述如下:

(一)处处以家庭为第一优先,对家庭能认同、有默契与承诺

一个健康的家庭,其家庭成员互相合作、鼓励与支持,并重视家庭生活,即使是牺牲一点个人的嗜好或减少一点工作时间,也要为了家庭的幸福,处处以家庭为第一优先。

一个健康的家庭,有其共同目标,而目标是家庭成员共同拟定与修改的;健康家庭的目标具有弹性,并非一成不变,而是能因外在环境的变化不断修正。对目标的达成,成员能彼此互相商讨与承诺,并共同努力。

一个健康的家庭,其成员在认知上会有一家的认同感,并对自己的家感到骄傲。

一个健康的家庭,与性的忠贞不二是息息相关的。这代表互相尊重、信任与诚实。婚外情表示对婚姻及家庭没有承诺,它是对婚姻亲密关系的大威胁。婚外情对配偶的自尊有严重的冲击,表示配偶是可以被取代的。一个美满的婚姻,是配偶彼此之间都觉得对方是“世界独一无二,不可或缺的”。

(二)安排家人齐聚一堂的时间与共同的家庭活动

无论多么忙碌,一个健康的家庭应该控制时间,而不被时间所控制,并设法安排家庭时间。这种家庭聚会并非偶然发生,而是有计划地让“它”发生。例如:参加社会活动、同乡会、打扫院子、扫房子、做饭、一起用餐或家庭旅行。做什么并不重要,一起去做才重要。

史耐特教授曾向1500名儿童问以下的问题:“什么样的家庭是一个快乐的家庭?”他们没有列出金钱、好的车子或华丽的房子。他们最向往的是和家人共享美好时光,与家人一起参加活动(玩游戏、庆祝生日、度假),等等。这个发现与国内相关研究的结果相符合。

健康的家庭,成员之间相处的时间必须是高品质的,也必须是充足的。只有几分钟在一起,不会产生高品质的互助。这个原则带给职业妇女、通勤家庭、兼二职的家人,以及没有子女监护权的离婚单亲父母们很大的困扰。然而,这些父母若是对子女有极高的许诺时,虽离多聚少,亦可达到家人彼此间的凝聚力。例如,一位忙于工作的妈妈告诉子女说:“若有急事或生病,不管我正在参加多么重要的会议,一定要通知我,我会即刻回来照顾你。”

健康的家庭提供给成员们情绪上的支持及安全感的保证。当家人齐聚一堂,个人的寂寞与孤单感也可减到最低程度。例如,吃饭的时间也是家人齐聚一堂的最好机会,尤其中国式的圆形饭桌,象征平衡、和谐与每人沟通感情的机会,也是社会化的表征。不论中外或文化差异,家庭教育常是在饭桌前"进行"的。不过,有些家庭吃饭时间像"战场",互相攻击、挑剔。有些家庭的吃饭时间,家人将互相关爱表达无遗。家庭的餐桌文化使小孩们学习到敬老爱幼、讲礼貌懂规矩。例如,日本家庭在吃饭前说一声"Itadakimas"是指"请吃饭"、"受惠了"之意。西方的宗教家庭,在进餐前的祷告进一步表达"感谢"之意。

(三)家庭成员互相接纳、尊重、欣赏、赞美与感激

一个健康的家庭,其成员在认知上有"人有个别差异"的认识,在情感上有"他是我兄弟"的感受,无条件地彼此互相接纳并在态度上互相尊重(每一个人都是独立的个体)。

一个健康的家庭,其成员常互相表达赞美与感激。感到被他人所欣赏或感激是最基本的人生需求。许多研究结果表明,"欣赏是婚姻的润滑剂","欣赏对方的优点就是带给自己快乐"。因此,健康家庭的成员是正向态度相待,并时时表达他们的彼此欣赏与感激。

(四)家庭成员在精神上具有高度的宗教信仰取向

蓝采风与陈皎眉的研究表明,参与宗教的程度愈高,家庭的强度愈强。

所谓高度宗教取向,并不是指要参与宗教活动或去教堂、寺庙,而是指精神方面的生活形态。当家人有精神上的寄托,较易以耐心、宽容、谅解的态度互相对待。

宗教不仅提供家人共同的价值观,也提供生活意义上的取向。有人说"信仰的距离便是人与人之间的距离",那些有类似宗教取向(信仰与活动)的夫妻,他们的情绪亲密度也较高。一项美国盖洛普民意测验指出,约有63%的受调查者认为,崇高的宗教取向强化了他们的家庭关系。

中国传统的儒家思想属于社会宗教范畴,它约束人际和谐关系并提供社会规范的准则,诸如"父母在不远行"、"兄友弟恭"、"名正言顺"、"仁者,人也"等对家庭内的孝道、手足等伦理关系的维系有极大的功能。

(五)家庭成员之间有良好的沟通模式

健康的家庭,成员在沟通时能避免"老调重弹",也有倾听对方说话与理解对方的修养。不健康的家庭,在沟通时常有"当耳边风"或"对牛弹琴"的现象。所谓健康家庭并不是指他们绝对没有冲突、抗衡或争吵,而是他们强调解决冲突的方法,让彼此都有选择的余地。

一个家庭内的沟通方式能代表该家庭的权力分布。健康的家庭强调夫妻间平等的关系。当我们向一位来自健康家庭的小孩询问："谁是一家之主?"他会说："有时候是父亲,有时候是母亲。"意思是,父母对家中事务均有决策的权力。

良好的沟通不仅传达信息,而且对信息做出反应。沟通的内容包括非口语式的信息。健康的家庭允许成员们自由地表达喜怒哀乐。虽然俗语以"无声胜有声"来描述二人在心灵上的沟通,但我们必须注意,"无声"或"沉默"也可能是一种反抗与冲突的表达。中国传统家庭教导孩子要听话、不许争执或讨价还价。但是,青少年阶段的子女或生活在冲突婚姻中的配偶们,没有机会表达情绪及见解是非常痛苦的。在健康的家庭中,家人能自由地表达他们的意见,而不必担心将被责备、讥笑或阻止。但是,健康家庭沟通时也注意到表达情意的用词,注意到"言者无意,听者有心"的后果。

沟通的起点在个体,因此,健康家庭成员与人沟通前皆能先与自己沟通,并先做好自我评估与自我反省。

(六)健康家庭具有良好的危机压力处理能力

"家家有本难念的经",健康的家庭也不例外。

健康的家庭也是有很多的问题,只不过他们能够有效解决问题或面对压力。他们能认识困境,进一步同心协力,有创造性、有系统、理智地克服困难,在困境中家人能做到同舟共济、彼此支持与鼓励。换言之,健康的家庭并非没有问题,而是他们有能力与暴风雨抗衡。

健康家庭在面对困难时,勇于面对,善用支持系统,发展新的家规,随时接受"再社会化",态度倾向于解决问题而非互相指责,认知上有变化是成长所必需与改变的意愿,家庭角色是相辅相成而非呆板角色。

四、健康家庭的维护之道

健康的家庭不是与生俱来,它可从学习与训练中求得。所以,下面将综合专家意见,陈述"健康家庭维护之道"于后,供变迁中的家庭参考。

(一)在认知上

首先,要有维护家庭健康的意愿。美满的家庭生活不是自然发生,也并非唾手可得,须家庭中的每一个成员精心去经营,去共同创造。

其次,要了解家庭生活须不断成长且必须成长,而成长是终身的,为提高家庭生活品质要有终身学习的理念。

最后,家庭成员对自己的家庭要有认同感。

(二)在态度上

首先,处处以家为第一优先。碰到有各种不同要求或机会冲突情况时,如可能伤害家庭的幸福,但能保护工作上的利益;可争取到个人上进的机会,但因而忽略对家的照顾,此时宁肯放弃其他的利益或机会而维护全家幸福为先的态度很重要。

其次,尊重彼此间的个别差异,并能无条件地彼此互相接纳。

最后,家庭内部每一个角色应相辅相成,互相影响,凡事以家庭为单位,情绪上互相支持,彼此互相信任与承诺,有同舟共济的态度。

(三)在行动上

首先,建立并善用支持系统,包括亲戚、朋友及社区资源,甚或利用专业机构、专业人员协助家庭生活的成长。

其次,寻找保持自我成长以提高家庭生活品质的方法,包括参加各种相关研讨会、演讲、工作坊及小团体等。另外充分利用各种大众传播媒体,如《父母亲》月刊、《婚姻与家庭》月刊等。

再次,不断检视自己的家庭品质。当家庭有冲突发生时,除了召开家庭会议,共商对策外,还要每隔一段时间检视自己家庭生活满意度,发现问题时,成员应利用各种方法,共商对策。

最后,善于沟通。幸福美满的家庭生活皆来自成员彼此之间良好的沟通。在家庭中没有个人的痛苦,有的是全家人的痛苦,因此善用沟通以增进彼此的了解与支持是必要的。良好的沟通有几个原则可循:与他人沟通前先自我沟通;相互同情理解,用倾听、专注等态度了解对方;沟通内容要具体、清晰、明确;选择适宜时间、地点与方式。

总之,随着每个家庭的经济环境、社会条件、家庭结构或家庭发展阶段的不同,每个家庭皆有不同的生活方式。但如何建立并且维护各个不同家庭的心理健康,其基本原则相同。建立幸福、美满、健康的家庭,应该遵循这些家庭心理健康的原则。

本章小结

情爱是人们内心最柔软的一个领域,婚姻是人类生活中最复杂的矛盾,也是最亲密的人际关系。家庭是我们的港湾。在家庭与婚姻关系中,我们经验了人生的历程。人生的各种经验——举凡爱、恶、恨、生育、成长、疾病、恐惧、勇气、毁坏、牺牲及死亡等，均可由家庭于婚姻的亲密关系中体验。由于导游职业的特殊性，导游员在感情、婚姻、家庭生活中也表现出独有的特点。我们应该在了解有关规律的基础上，学会调适好自己的感情、婚姻与家庭生活。

思考题

1. 试说明“爱”的内涵。

2. 试说明男女两性对“爱”与“性”的观点。

3. 试说明成功婚姻的特质。

4. 试说明婚姻的意义。

5. 试说明家庭的功能。

6. 试说明健康家庭的特质。

心理游戏

我在感情、婚姻与家庭生活中所遇到的困难

时　间：约40分钟。

材　料：白纸、笔、小盒子。

目　的：帮助成员面对与处理当前的困扰。

操作程序：

1. 分组，每组6～8人。

2. 每个人在感情、婚姻与家庭生活中都会遇到困难，请每位学员想一想，目前最困扰自己的事是什么，最想解决的问题是什么。考虑好后写在纸上，不署名。写完折叠好，投入已准备好的小盒子中。

3. 全体成员完成后，邀请学员从小盒子中随机抽出一张，大声念纸上的内容，请全组学员共同思考，帮助提问题的人解决问题。讨论完一张，再讨论另一张，直至所有纸条上的问题都逐一解决。

4. 最后教师引导学员思考怎样从他人经验中学习成长。

【提示】因为匿名，可减少大家的担忧，大胆提出问题，全体共同出主意、想办法，帮助别人也帮助自己。大家彼此支持，相互建议并善意地提出个人见解。

在这个过程中我学会了________________________________

第十一章　与心理因素有关的病症与预防

培训重点

- 了解心因性的躯体问题的含义
- 了解影响健康的应激因素
- 了解应激反应对躯体健康的影响机制
- 了解导游员中常见的心因性躯体问题
- 了解心身疾病的含义与类型
- 了解心身疾病的致病因素
- 了解导游员常见的心身疾病的基本特征与防治常识

第一节　心因性的躯体问题

在日常生活中，许多躯体的不适、疾病常常是由于心理因素所致，心理因素之所以能够影响躯体内脏器官的功能，一般认为是通过情绪活动作为媒介实现的。早在两千年前，祖国医学的经典著作《黄帝内经》，就精辟地论述了“神形合一”的理论。它指出，“心者，五脏六腑之主也……故悲哀忧愁则心动，心动则五脏皆摇。”我国古代医学家提出了人有七情（喜、怒、忧、思、悲、恐、惊），负性的情绪可以影响躯体致病，“怒伤肝，喜伤心，思伤脾，忧伤肺，恐伤肾”等理论，描述了心理因素与躯体健康的关系。近代医学研究表明，心理、情绪因素导致人体神经生理生化的改变而引起躯体、器官的反应，出现器官的功能变化，甚至发生疾病，这种反应属于机体应激反应的范畴。导游员常主诉某些躯体不适或躯体症状，若仅对症临床处理，常收效不佳。必须认识到，这些不适或症状的成因多为心理应激与适应不良，只有祛除某些心理、行为因素，才能使这类症状或疾病得到缓解。

一、应激因素或应激源

个体在一定的社会环境中生活,时刻接受周围事物的刺激,一部分刺激不引起机体任何反应,称为无关刺激。能引起机体多种反应的刺激即应激因素或应激源。对刺激的反应称为应激或应激反应。造成应激的因素是多种多样的。影响健康的应激因素大致分为三类:①急性应激源,如突发的自然灾害,患急性重病、事故、外伤、创伤性经历,对自尊心的打击等;②应激性生活事件,如居丧、退休、离婚、监禁、人际关系紧张、失业、移民、经济状况恶化;③慢性及间歇性应激源,如社会角色过多所造成的紧张,工作超负荷或负荷不足,家庭关系不和,学习压力大等。

按不同的环境因素将应激源分类如下:

家庭环境因素。家庭中常见的因素有父母离异、亲子关系恶劣、家庭成员关系紧张、家中重大经济困难等。

工作学习环境因素。常见的有工作负担过重、兼职过多形成角色冲突、工作与所学专业或志趣不一致、个人不能左右面临的困境。对于导游员来说,工作压力、生存压力、游客的挑剔和投诉、同事关系不融洽等均可构成导游员的应激因素。

社会环境因素。严重的自然灾害,如水灾、地震、传染病流行、交通事故、工业噪声、环境污染以及工作原因迁徙频繁均是社会环境应激因素。

以上各种因素的应激源,均使个体受到刺激,这种刺激经过大脑皮层综合分析产生紧张情绪反应,使心理处于紧张状态,由情绪造成机体应激反应的过程称为情绪应激或精神应激。

二、应激反应对躯体健康的影响机制

大量试验与观察已证实,机体处于应激状态时,可以通过一系列神经系统、神经生化、神经内分泌及免疫系统等变化影响机体的内环境平衡,出现器官功能障碍,进而产生结构上的改变而影响躯体健康。

(一)神经系统的作用

情绪状态和行为与神经结构中的脑边缘系统密切相关,大脑额叶是与情绪有关的皮质。当机体处于应激状态时,产生的情绪变化反过来通过神经系统影响各器官的功能状态。紧张的情绪可导致神经功能失调,交感神经系统功能亢进导致心率加快、血压升高、血糖升高、胃肠功能紊乱,有的出现头痛、腰背痛、唾液分泌减少、呼吸加快、尿频等现象。

(二)神经内分泌机制

内分泌系统包括人体内分泌腺及某些脏器中内分泌组织所形成的一个体液调节系统,该系统可适应变化的外界条件,维持个体内环境的相对稳定。目前比较肯定的有三类,即下丘脑—垂体—肾上腺轴;下丘脑—垂体—甲状腺轴和下丘脑—垂体—性腺轴。它们之间相互影响、相互调节以维持体内平衡。处于应激状态时,丘脑下部促肾上腺皮质释放因子分泌增加,随之垂体前叶的促肾上腺皮质激素分泌增多,进而造成肾上腺皮质分泌亢进,同时生长激素分泌也增加,导致器官功能的变化。

(三)中枢神经介质系统的影响

应激反应神经生化研究表明,人和动物的警觉、情绪和行为与某些中枢神经的介质功能有关。这些介质有胆碱类、单胺类、氨基酸类、神经肽类。如去甲肾上腺素能和多巴胺能神经元与交感神经反应有关。这种神经元兴奋时,能使机体活动增加,机动行为明显;5-羟色胺能神经元兴奋时,使机体呈现安静。一般情况下,神经介质保持平衡状态,在应激时,中枢神经介质即会产生变化而出现不平衡,导致机体器官功能的改变,从而动员身体的能量去应对出现的问题或情境。

(四)神经免疫机制

人类免疫功能分为非特异性免疫与特异性免疫两类。非特异性免疫是指先天性或天然免疫,受遗传因素的控制,具有相对稳定性;特异性免疫又分体液免疫和细胞介导免疫。实验研究证明,应激是通过肽类、生物胺等激素与递质作用于免疫细胞的受体而影响其活性,被激活的免疫细胞可以产生多种免疫反应性激素,而影响免疫功能。人体的免疫功能的强弱对健康有着重要影响。

三、常见的心因性躯体问题

多种心理因素通过上述神经系统、神经内分泌系统、中枢神经介质系统、免疫系统的变化引起机体各器官功能的改变,这些改变若程度严重或持续时间过长可导致躯体的一些症状和不适,导游员中常见的心因性躯体问题有以下几种。

(一)心悸、血压升高

导游员在日常工作、生活中常因情绪紧张，压力过大，使机体交感神经功能亢进，导致心跳频率加快，心脏收缩力增强，周围血管收缩，出现头昏、心悸、血压升高，严重时常伴有感觉过敏、多汗、手震颤、注意力不集中、容易激动、焦虑、恐惧等神经衰弱等症状，或有胸闷、胸旁刺痛、憋气样感等，体检及各项理化检查无明显的异常。这些症状只要解除心理紧张因素即可恢复正常，可口服交感神经抑制剂，如心得安，或辅以镇静剂、安定剂，也可配合生物反馈、放松疗法、催眠疗法治疗。

(二)失眠

引起失眠的原因有躯体因素如疼痛、瘙痒，以及生物药剂因素，如饮浓茶、咖啡，服用了中枢神经兴奋剂，亦可由其他精神疾病所引起。导游员中最常见的失眠是由精神紧张、不安、情绪不稳定、焦虑等心理因素引起。这些精神因素可使大脑皮质内抑制过程弱化。内抑制过程减弱时，神经细胞的兴奋性相对增高，调节和控制皮层下植物神经系统的功能也减弱，从而出现多种神经功能亢进的症状。多表现为入睡困难、睡眠不深、易惊醒、多梦，早醒或醒后不易入睡，晨起后感到疲乏或缺乏清醒感，白天思睡，常伴有头晕、头痛、耳鸣、心悸、情绪容易因激惹而失控等症状。对失眠的治疗，主要应分析失眠的原因，尤其要消除紧张、焦虑等心理情绪因素。同时，可以建立有规律的生活作息制度，培养适合于个人的体育锻炼和入睡习惯，也可采用体疗、理疗、放松训练、生物反馈疗法、音乐疗法治疗，还可用中药、针灸及抗焦虑、镇静催眠药物治疗。

(三)头痛

某些社会应激和体内因素的影响，会引起高级神经功能紊乱与植物神经功能失调，可使机体对疼痛变得极为敏感(痛阈降低)，甚至机体生理变化的一般感觉冲动也可成为疼痛刺激来源。这种头痛病程较长，时轻时重，与紧张、抑郁情绪因素密切相关，疼痛部位在头顶或变化不定，呈钝痛、刺痛，伴有麻木或紧箍感，疼痛程度不十分剧烈，常有失眠、注意力不集中、记忆力减退等症状。虽经多次全面体检及有关的辅助检查可均无阳性发现。头痛症状的解除，除寻找并消除诱发因素外，可采用对症治疗、暗示疗法、音乐疗法、生物反馈疗法等方法治疗。

(四)头晕

许多因精神紧张、过度疲劳而出现的头晕，是由植物神经系统功能紊乱所致。头晕发生时快时慢,常呈持续性,眩晕症状不典型,多伴有耳鸣、心悸、多梦、失眠等,头晕常随精神因素、过度疲劳、紧张而发生与增减,临床症状较多而阳性体征较少。这类头晕的治疗同头痛。

(五)食欲不振

食欲不振并非都是由消化道疾患所引起的。导游员常有因精神、情绪的变化引起食欲不振或厌食的症状。这是由于多种心理刺激引起了下丘脑—植物神经系统功能紊乱,交感神经功能增强,引起胃肠蠕动减弱,胃壁平滑肌、括约肌收缩,消化液分泌减少,从而出现消化功能的异常;常表现为食欲不振,腹部胀满感,并多伴有恶心、呕吐、便秘等症。此类症状在去除心理因素后即可自然恢复正常,也可辅以调节胃肠功能的药物治疗,如胃复安或吗叮啉口服。然而,不解决此症状的心理诱因,仅靠药物调理常收效不佳。

(六)腹泻与便秘

腹泻与便秘是常见的肠道症状。心理应激引起肠道功能紊乱,也常常以这种形式表现。最典型的是肠道激惹综合征,除腹泻、便秘外,还有腹痛、腹胀、肠鸣等症状,临床表现一般分为四类:①痉挛性结肠炎:左下腹痛明显;②黏液性结肠炎:结肠分泌功能亢进,腹泻,黏液性大便,有腹痛;③结肠过敏:常在饮食不当与情绪波动时腹泻,与食物过敏有关;④便秘:常在生活规律改变,长途旅行中发生。这些症状的发生与情绪波动及心理因素明显相关。研究资料表明,精神情绪因素导致交感神经兴奋性增高,结肠痉挛性收缩加强,黏液分泌增多而发生腹痛、腹泻;结肠痉挛推进性蠕动减弱而导致便秘的发生。治疗上,除避免生活紧张,注意劳逸结合,养成定时排便习惯外,可采取心理治疗及配合部分调节肠功能的药物治疗。

(七)瘙痒症

瘙痒症是一种较为常见的只有皮肤瘙痒而无原发损害的皮肤病,临床上有全身性和局部性瘙痒症两种。前者的症状是全身瘙痒,后者最容易发生的部位是肛门、阴囊、女阴和小腿等部位。心理因素是其常见病因之一。搔抓是由皮肤受激惹时引起的一种反射性活动,搔抓可以引导起疼痛或高度的舒适,并由此来达到自我惩罚及自我娱乐。引起全身心源性瘙痒最常见的情绪是受挫感引起的愤怒和焦虑。在负性情绪影响下,痒的冲动引起自身不可遏止的搔抓,常可达到狂暴的程度。

威特科尔(Wittkower)和莱斯特(Lester)指出,紧张、焦虑或激动不安的皮肤病人,主诉瘙痒和烧灼感的要较平静、情绪良好的病人为多。有时,同一病人,皮肤损害未变,但在挫折、厌烦或紧张增加期间,瘙痒感更强烈。实验证明,在心理应激时,由皮内注射组织胺引起的风团及红斑增大,可使瘙痒更严重并延长发作。治疗上,宜给予支持、解释、疏泄等心理治疗,并指导病人加强性格锻炼,克服紧张情绪,注意劳逸结合,必要时使用镇定剂及抗组织胺制剂,也可外用皮质类固醇素制剂。

第二节　心身疾病概述

一、心身疾病的概念

心身疾病又称心理生理疾患,是一类发病、发展、转归和防治都与心理社会因素密切相关的躯体疾病。

目前对心身疾病的认识一般有广义和狭义两种概念。广义的心身疾病是指心理社会因素在疾病发生、发展、转归和防治过程中起重要作用的躯体疾病和躯体功能障碍。狭义的心身疾病是指心理社会因素在疾病发生、发展、转归和防治过程中起重要作用的一类躯体组织损害性疾病。例如原发性高血压、冠心病、溃疡病等。心身障碍则是指心理社会因素起重要作用的一类躯体生理功能紊乱,但未见明显组织损害,例如神经性呕吐、偏头痛等。

本节阐述的心身疾病主要是狭义的概念。归纳起来,心身疾病有以下主要特征:①主要是由心理社会因素刺激,通过情绪和人格特征等作用而发病;②必须具有躯体症状和与症状相关的体征,有明确的器质性损害;③损害往往涉及的是植物神经所支配的组织或器官;④区别于神经症和精神病;⑤大多数病人不了解心理社会因素在自身发病中的作用。

心身疾病与躯体疾病都有躯体症状。躯体症状都有明确的器质性病理过程或已知的病理、生理过程,所不同的是在病因上。心身疾病的特点是心理社会因素在疾病的发生、发展上起重要的作用,而躯体疾病则没有这些特点。心身疾病与神经症和某些精神病在病因上均与心理社会因素密切相关,但前者表现为明确的躯体损害症状,通常累及植物神经支配下的组织或器官,而后者则无组织器官的器质性病变,仅表现为功能障碍和行为异常。

近50年来,心身疾病已成为严重危害人类健康和导致死亡的主要原因。据调查统计,在中等以上城市综合性医院就诊的初诊病人中,有略高于1/3的病人是躯体疾病,不足1/3的病人是神经官能症与心理疾患,其余1/3的病人是心身疾病。

二、心身疾病的分类

由于对心身疾病的概念和理论认识尚未完全一致,故这类疾病的范围和分类目前各家意见颇不相同,一般认为主要包括受下丘脑影响,与植物神经相关的各器官、系统的疾病。其中常见的主要有以下几类。

消化系统。消化性溃疡、局限性回肠炎、黏液性结肠炎、溃疡性结肠炎、功能性大便失禁、习惯性便秘、神经性呕吐、神经性厌食、贲门或幽门痉挛等。

呼吸系统。支气管哮喘、血管舒缩性鼻炎、吞气症、过度换气综合征、心因性呼吸困难、慢性呃逆等。

心血管系统。原发性高血压、冠心病、心肌梗死、心律失常、雷诺氏病、昏厥、神经性循环衰弱、偏头痛等。

内分泌系统。甲状腺功能亢进、糖尿病、肥胖症、自发性低血糖、心因性多饮、更年期综合征、垂体功能减退等。

泌尿生殖系统。阳痿、早泄、性欲缺乏或减退、功能性阴道痉挛、月经失调、经前期紧张症、心因性排尿困难、遗尿症、神经性多尿症等。

神经肌肉系统。口吃、抽动症、职业性痉挛(例如书写痉挛)、腰背疼痛、痉挛性斜颈、紧张性头痛、痛觉过敏等。

皮肤。神经性皮炎、全身瘙痒症、局部瘙痒症(包括肛门瘙痒症、外阴瘙痒症)、慢性荨麻疹、斑秃、慢性湿疹、痤疮、皮脂溢出、酒渣鼻、牛皮癣等。

其他。类风湿性关节炎、红斑狼疮、硬皮病、皮肌炎、结节性动脉周围炎、妊娠高血压综合征、恶性肿瘤等。

三、心身疾病致病因素

心身疾病的致病因素相当复杂,目前普遍认为,主要与社会文化因素、心理因素和生理因素有关。

(一)社会文化因素

人不仅是生物的有机体,同时是一个社会成员。人们在各种社会实践活动中，不仅和客观环境中的事物发生关系，也与其他社会成员发生人际交往，并从中获得大量信息。人类所不同于动物群体的重大区别之一，是人们在一定的社会活动中必须按社会规范行事，受其制约和限制。社会对生活在其中的个体有着巨大的影响，人们依据从社会所获得的信息，时刻调整自己的心理和生理功能，调节自己的行为，使之适应于社会的要求。人们根据一定的社会外部信息所作的适应性反应并不总是成功的，一种适应性行为的受挫或失败，必然在人的心理上造成不良影响，引起心理上的矛盾冲突，并进而影响人的生理状况。严重而持久的影响还可造成机体内稳态的失调。心身疾病就是与社会环境的影响以及由此带来的心理活动有着密切关系的一类疾病。

社会文化因素对心身疾病的重要作用，可以从流行病学调查的结果中得到说明。20 世纪 50 年代前，溃疡病和高血压病，男女之比约为 4∶1。然而，近年来男女患病之比例逐渐接近，溃疡病约为 3∶2，而高血压病两者已无明显差异。又如美国 20 世纪 50 年代前因冠心病死亡者甚少，而今冠心病的死亡率占总死亡率的 1/3，肺癌发病率也比 20 世纪 50 年代前高出 20 倍。我国北京、上海、广州、西安等地调查结果表明，冠心病的发病率，脑力劳动者比体力劳动者高，从事紧张和繁重脑力劳动者又比一般脑力劳动者高。以上情况均说明，这类疾病的发生，与同一社会的不同群体，在同一社会文化环境因素下，人们所处的社会地位、分工、参加社会活动多少、受到的各种社会的心理刺激的差异密切相关。

(二)心理因素

现代科学已证明，大脑是心理活动的器官，心理活动通过大脑与某种情绪状态相联系。情绪活动可分为两大类：一是愉快或积极的情绪对机体的影响，这种情绪对人体的生命活动能起到良好的作用，可充分发挥机体的潜在能力，提高体力和脑力劳动的效率，使人体保持健康。另一类是不愉快的、消极的情绪，诸如愤怒、恐惧、焦虑、忧愁、悲伤、痛苦等，这种情绪的产生，一方面是适应环境的必要反应，另一方面往往过分地刺激人体，促使人的心理活动失去平衡，导致神经活动的功能失调，因而有害于健康。例如，人在威胁性情境下产生的焦虑或愤怒反应，同时伴随着肾上腺激素、肾上腺皮质激素及抗利尿激素的增加，因而心率加快、血管收缩或舒张、血压升高、呼吸增速、胃肠活动减慢，新陈代谢率增高。如果消极情绪经常反复出现，它所引起的长期或过度的神经紧张，还会造成机体的病变，如神经功能紊乱、内分泌功能失调、血压持续地升高等疾病。一般而言，引起人们产生丧失感、威胁感和不安全的心理刺激，最易致病。20 世纪 60 年代以来，通过流行病学调查、动物实验和临床观察的研究，已肯定消极的情绪状态对疾病的发生和发展，病程及转归起着不良作用。

流行病学的研究指出，心理紧张刺激与高血压、溃疡病、脑血管意外、心肌梗死、糖尿病、癌症等发病率的增高有一定的关系，抑郁、惊恐和愤怒等消极情绪与神经性皮炎、斑秃等皮肤疾病密切相关。

人格特征与行为类型对于心身疾病的发生、发展和病程的转变也具有明显影响。同样的心理社会因素作用于不同人格特征或行为类型的人，可导致不同的生理生化改变，既可经调整而保持健康，也可引起不同类型的心身疾病。邓巴(Dunbar)提出了关于特征性人格理论，认为不同人格特征的人会生不同的疾病，而独特的人格特征决定了个体独特的行为模式，不良的行为模式是导致心身疾病的又一原因。比如贪食与肥胖，吸烟与肺癌都有密切联系，弗德曼(Friedman)及罗斯曼(Rosenman)1959 年提出，A 型行为类型与冠心病发病有关，此外相当数量的心身疾病患者按病种的不同而有一些共同的人格特征。(见表 11－1)

表 11－1　人格特征与心身疾病

疾病	人格特征
哮喘	过分依赖，希望被人照顾
结肠炎	听话，带有强迫性，抑郁，心情矛盾
冠心病	劳碌，好胜，好争强，急躁，善于把握环境
荨麻疹	渴望得到情感，常有受挫感
高血压	压抑，愤怒，争强好胜
偏头痛	追求尽善尽美，刻板，好争强
溃疡病	依赖，压抑，怨恨，感情受到挫折，刻板

(三)生理因素

心理社会因素总是要通过生理变化的环节，才能导致或加重躯体疾病，心身疾病的生理因素主要集中于生理始基方面的研究。

生理始基是指某些心身疾病患者在患病前的生理学特点即生理上原始的基础，有其个体特异性。为什么同样的心理社会因素有些人患病，有些人不患病；有些人患这样的病，有些人患那样的病，个体生理始基的不同是原因之一，比如溃疡病在发病前常有胃蛋白酶原水平增高的倾向，这种胃蛋白酶原增高就可称为溃疡病的生理始基。生理始基是个体生理素质的一部分，而心理社会因素的刺激则能起到“扳机”（Trigger）的作用。有人曾做过实验，将一些健康的青年人，在军训以前，先测定胃蛋白酶原，并用心理测验检查他们的心理素质，然后把他们分为两组：高胃蛋白酶原伴心理素质不稳定组在紧张的军训生活中2/3患了溃疡病，而对照组则安然无恙。这说明，如果只有高胃蛋白酶原血症，而没有心理社会应激源，一般不会发生溃疡病；反之，如果只有心理社会刺激，而没有溃疡病的生理始基，也不易导致溃疡病发生。现已发现高甘油三酯血症是冠心病的生理始基，高蛋白结合碘则是甲状腺功能亢进的生理始基。生理始基的研究对心身疾病的病因、发病机制以及预防和治疗都具有重要意义。

第三节　导游员常见的心身疾病

近年来，导游员的心身疾病发病率也有升高的趋势，这类疾病患者的工作、生活，势必会受到不同程度的影响。导游员应了解这方面的知识。对这类疾病的诊疗必须由临床方面的专业人员进行。

一、支气管哮喘

支气管哮喘是一种常见的心身疾病。我国的患病率，据部分地区调查为0.5%～2.0%，有的报道高达5.29%。本病可发生于任何年龄，但50%以上在12岁以前起病。成人男女发病率大致相仿，约20%的病人有家族史。本病临床表现为发作性带有哮鸣音的呼气性呼吸困难，持续数分钟或数小时，严重时可延续数日至数周。长期反复发作常并发慢性支气管炎和肺气肿。

本病病因和发病机理尚未完全明了。当前人们认为支气管哮喘的病因有三：特异性体质者吸入或接触过敏源、感染和心理因素。有人对487名各种年龄哮喘病人进行研究发现，外源性过敏原因素引发占29%，呼吸道感染引发占40%，而心理因素引发占30%，一般没有一种因素可单独导致发病。在他们所报道的487例中，有心理因素参与的占70%，而单独由心理因素引起发病的只占1.2%。

一般认为，单独心理因素虽不能引起发病，但由心理因素激起的强烈情绪可改变呼吸系统的生理功能，影响机体的免疫机制，当接触到变应原和上呼吸道感染相互作用时，则可引起支气管哮喘。珀科（Purcall）等认为家庭环境在某些儿童哮喘的发生和维持中起重要作用。他们选择两组家庭，在预测中发现一组家庭环境在某些儿童哮喘的发作中和情绪因素关系密切，另一组则情绪因素不是主要的。然后让两组患儿离开家庭两周，结果发现前者在离家期间哮喘发作频率明显减少，另一组变化不大。而当情绪起重要作用的一组回家后，哮喘发作次数又复增加。另有人认为，在不良的心理因素中，最重要的是母子关系不协调。患儿的母亲，常是“神经症性”个性，而患儿的性格特征常为依赖性强、缺乏自信，敏感、内向或自我中心。母亲对孩子要求过高或过分溺爱，都会造成母子关系的冲突，再加上特异性体质，便可能导致支气管哮喘的形成。哮喘一旦发生后，情绪更加波动，形成恶性循环，造成疾病长期不愈的后果。支气管哮喘的发作，常因早期家庭环境对个性的影响，使个体形成依赖、懦弱等退行表现，一旦遇到工作压力、环境适应等方面的问题便导致患病。

二、原发性高血压

原发性高血压临床上以持续动脉压升高为主要诊断依据，我国 1999 年颁布的标准为人在安静状态下血压升至 140/90mmHg 以上，为原发性高血压，与国际标准相一致。本病国内报道 15 岁以上人口发病率在 3% ~10%。

高血压的病因未明。有关因素除年龄、家族史、饮食中食盐量高、肥胖、饮水中含有微量元素镉或饮用软水外，注意力高度集中、过度紧张的脑力劳动、对视听觉过度刺激的工作、生活环境和生活方式的突变等，均易使血压增高。

流行病学调查表明，高应激区人群高血压的发病率比低应激区人群为多（高低应激区的区分是根据社会经济条件、犯罪率、暴力行为、人口密度、迁居率、离婚率而定，也就是心理社会紧张刺激的强度不同的地区）。第一次世界大战时，有人发现，前线士兵的血压要比驻守营房或居民区的士兵血压高些。库柏（cobb）和罗斯（Rose）认为，空中交通控制人员的血压高于二级飞行员。这说明精神高度紧张、责任过重或矛盾较多的职业与高血压有一定关系。

动物实验也证明，动物长期处于紧张刺激之下可以诱发高血压。有人使八只来自不同群体的大鼠长期在一个笼子里厮打、争食，不久，这些大鼠就都患了高血压病。梅德奥夫（ Medoff）等人的实验表明，处于长期噪声环境下的白鼠发生了持久性高血压。也有人用猫做实验，箱子里的猫压一下横杆就可以吃到食物,但同时受到电击,猫总是处于想吃食物而又怕电击的矛盾之中。过了一段时间,猫患了高血压病。

心理学研究还发现,原发性高血压患者多具有一定的人格特点。这类病人中大多具有雄心壮志、争强好胜、办事过分认真、容易激动和烦恼。到目前为止,对原发性高血压的研究结果大多支持如下假说:社会情境和人格特征的联合作用,可以增加个体发生高血压的可能性。

三、偏头痛和紧张性头痛

(一)偏头痛

偏头痛是头部血管舒缩功能紊乱引起的,可无先兆而突然发作,也可以视野中出现闪光、暗点或偏盲等视觉症状为先兆。在发作开始时可先有抑郁、焦虑甚至欣快等情绪,头痛多为一侧性,也可扩散至对侧,但也可在头部的任何部位发生。疼痛程度强烈,可为跳痛、刺痛、灼痛或撕裂样疼痛,个别病人可伴有易激惹、幻觉、不真实感、违拗症或意识障碍等精神症状。头痛可持续 1 ~ 2 小时至数天。某些病人发作频繁而成为经常性,称为“偏头痛状态”,发作时并可伴恶心、呕吐、腹部不适、视觉异常、头部局部压痛及口干、流泪、脸色苍白或潮红、心率加快或变慢等植物神经症状。

偏头痛发病机理复杂,有多种因素参与,一般认为本病与遗传、内分泌、神经递质、饮食和精神因素有关,多见于女性,常在青春期前后发病,发作常与月经周期有关,精神过劳、紧张、焦虑、激动等常可促使偏头痛的发作。偏头痛病人的性格常为内向而不稳定、倔犟、固执、多疑、敏感,要求自己完美无缺,不能达到目的时爱生闷气,这种内心冲突常致颅内血管收缩障碍而发病。

偏头痛的治疗涉及医学和心理学两方面,平时应注意劳逸结合,避免过度疲劳和精神紧张,并开展适当的体育活动。对已知诱发偏头痛的某些食物及其他可诱发本病的因素均应避免。发作时可用对抗血管扩张的血管收缩剂,一般以麦角胺为最适宜。精神治疗应着重鼓励患者合理地解决矛盾,可有助于获得良好疗效。

(二)紧张性头痛

紧张性头痛又称肌肉收缩性头痛、神经性头痛、心因性头痛,是临床常见的心身疾病之一。临床特点是,头痛为非发作性,缓慢开始,持续数小时到数日,甚至更久。头痛多为双侧性,患者常描述头部压迫感和钝痛,疼痛部位在枕后,可向额、颞部延伸，有时环绕整个头颅部成束带状。多由于情绪焦虑、精神紧张而引起头颈部及肩背部肌肉持续收缩，使局部血运障碍，致痛物质增加，刺激神经造成疼痛。头痛又使病人在主观上焦虑担心，局部肌肉更加紧张，造成恶性循环，常年不愈，所以人称“紧张性头痛”。

事实上，几乎所有的疼痛，都是心理生理性的，而慢性疼痛的心理特征尤为突出。临床心理学家认为，疼痛既是一种与刺激相联系的感觉，同时又具有主观的个体意义。每个人的疼痛体验以及表示疼痛的行为都受其注意、动机、暗示等心理因素以及早年经验和生活环境影响。在同等强度的刺激下，不同的个体之间的反应有很大差异。因此，对于治疗心理因素引起的紧张性头痛，应该让患者摆脱不良情绪和对预后的忧虑，使紧张状态得到缓解，头痛也就会随之减轻或消失。此外，松弛训练和气功锻炼，对紧张性头痛也有一定效果。

四、消化性溃疡

消化性溃疡主要是指发生在胃和十二指肠的慢性溃疡。这些溃疡的形成均与胃酸和胃蛋白酶的消化作用有关，故称消化性溃疡。

消化性溃疡已成为威胁人类健康的多发病、常见病。目前尚缺乏大批人群的发病率统计，一般认为人口中约10%在其一生中患过此病。男性多于女性，21世纪以来本病的发病率显著上升，世界各国之间的发病率有显著差异，其差异的原因虽尚未完全阐明，但仍说明不同的地理、气候、种族、遗传、风俗、饮食习惯等因素对本病有影响。目前已有充分的证据表明消化性溃疡和紧张刺激关系十分密切。人们很早就发现紧张的环境刺激会影响胃的功能。20世纪40年代，坎农(Cannon W. B.)就观察到动物的胃液分泌会因受惊而被抑制的现象。以后人们用各种方法来测查由具有特殊意义的刺激引起的情绪对胃功能的影响，结果发现，当与病人进行内容紧张的谈话或让其参加临床检验而引起焦虑、痛苦、愤怒、羞辱和罪恶感时，出现胃液分泌量和酸性增加，使胃运动发生变化。库柏(Cubb)对4325名空中交通管理人员与8435名二级飞行员进行研究，发现十二指肠溃疡的发病率，前者为后者的一倍，这说明高应激环境比低应激环境的发病率为高。

临床心理测验表明，这种病人的人格特征一般是不好与人交往，行为总是老一套，被动、拘谨、依赖、刻板、缺乏创造性、情绪不稳定，经常具有某种矛盾心理等。研究资料表明，胃黏膜的损伤会引起血清或血浆胃蛋白酶原水平的升高。作为胃分泌增多指标的血清胃蛋白酶原浓度的增高，结合某种个性特征，易于使人对紧张的环境作出生理反应而发展成消化性溃疡。

五、神经性皮炎

神经性皮炎又名慢性单纯性苔癣，是一种慢性瘙痒性皮肤病，以剧痒和患处皮肤苔藓化为特征；病灶局限性者为多，少数则呈播散性，侵犯部位较广。病程较长，易复发。目前本病的病因尚未完全明了，但一般认为可能和精神神经因素有关。精神紧张、情绪波动、焦虑、抑郁、恐惧、忧愁、生活环境改变、刺激性食物，以及局部刺激如搔抓、摩擦、日晒等，均可诱发局部瘙痒或使本病加重、复发。经常搔抓致使局部苔藓化。苔癣形成后又可引起局部发痒，形成恶性循环，以致久治不愈。有报道说，神经性皮炎患者的个性常为精力充沛、抱负过高、办事过分认真、情绪不易流露。

神经性皮炎不难防治。重要的是保持愉快的情绪，避免某些刺激。例如，不可用热水、肥皂、盐水、偏方等烫洗；不可用手抓、揉搓、摩擦；不可滥涂碘酒、大蒜、癣药水等刺激性药物；避免身心过劳，注意劳逸结合，保持心情舒畅、睡眠充足，建立治愈信心，很多病人可在短期内不治自愈，且不再复发。

六、月经障碍

除生理因素外，心理因素亦可影响月经规律。女导游员情绪波动、工作压力大、适应不良等心理困扰常可导致月经的紊乱。

（一）闭经

闭经是妇产科许多疾病的症状，凡女性年龄满 18 岁而未来月经的称原发性闭经，凡以往建立周期性月经，而出现非生理性停经超过三个月者称继发性闭经。

造成闭经原因很多，正常的月经是由下丘脑－垂体－卵巢轴的神经内分泌调节以及靶器官子宫内膜对性激素的周期性反应，其中任何一个环节发生障碍，都可导致闭经。临床上因心理社会因素造成的闭经并不少见，如女学生面临紧张的考试发生闭经者多于平时；旅游旺季频繁带团远离家乡的女导游员的闭经发生率高于在本地正常上班的女同事；其他精神紧张、恐惧、焦虑等心理应激均可通过大脑皮层功能失调，从而影响下丘脑—垂体—卵巢内分泌轴的功能，发生卵泡成熟障碍而闭经。月经是女性评价自我健康很敏感的问题，因此常因闭经而忧心忡忡和焦虑不安，更加重了内分泌失调，易形成恶性循环。

对于心因性闭经的患者，应深入了解其心理社会因素及个性特征，采取必要的心理治疗，闭经的患者在提高科学认识，消除疑虑，建立信心后，一般可以恢复正常。闭经时间过长可采用内分泌制剂代用性人工周期治疗，利用药物促成来潮，达到治疗目的。

（二）痛经

女性经期或经期前后，发生下腹部疼痛或其他不适，以致影响日常生活与工作，并需要医治者谓“痛经”。痛经分为原发性痛经和继发性痛经，前者指生殖器官无明显病变，常在月经来潮前后发作的痛经。以未婚、未孕妇女多见，多属功能性，这是年轻的女导游员中一种常见、多发病；后者是生殖器官有明显病变所致。

痛经的确切病因不详，除与内分泌及子宫因素有关外，心理因素有一定影响。个性特征和社会因素对痛经的发病有一定影响。原发性痛经妇女大多数心理发展不够成熟，有神经质的性格，常伴有严重抑郁、神经过敏、精神紧张，或对月经缺乏正确认识，从而产生恐惧、抑郁、情绪不稳或感情冲突。痛经的治疗，除消除情绪紧张等因素外，可采用药物对症治疗。

（三）经前期紧张征

经前期紧张征是指少数女性在月经期前 3 ~ 4 天发生周期性的消极情绪，如焦虑、忧郁、不安、烦躁易怒、注意力不集中、自信度低下、失眠、头痛等症状，轻者自觉不适，重症者则影响工作、学习和生活。

研究发现，经前期紧张征最突出的两个特点是，心理波动和水盐潴留，其心身症状呈周期性表现。该征候群可能与体内雌激素或孕激素的比值失去平衡有关。许多研究表明，患者黄体酮功能不足，孕激素分泌减少，在临床上，对部分患者应用黄体酮也可减轻症状。巴德韦克（Bardweck）认为，经前期情绪的变化与激素水平的变化有关，排卵期雌激素的含量高，似乎使情绪变得亢奋，而经前期雌激素的水平低下，似乎又使情绪变得低落。这种情绪波动，大都是由生理变化造成的，但社会适应不良，遭受挫折致情绪低落等心理社会因素亦可影响生理功能而致经前期紧张。

七、神经性厌食症

神经性厌食症是一种有意节食，导致体重明显减轻的进食障碍。

本病病因不明。社会文化因素和易感个性有一定影响，生物因素有一定作用，一般认为是由心理因素所致。如，性方面的烦恼以及对成年后的疑虑往往成为诱发因素。

临床上常见于青少年女性，患者过分关注自己的体型，害怕肥胖，因此有意节食，导致体重明显减轻。神经性厌食常引起营养不良、代谢和内分泌障碍，女性有闭经。患者个性一般表现为依赖性较重，人际关系不协调，情绪脆弱，易感情用事，缺乏自信。

治疗中首先应恢复患者正常的体重。心理治疗以行为矫正为主，集体治疗有助于克服患者个性弱点。

从心身医学的观点出发，心身疾病的发病过程是：紧张刺激－情绪反应－功能障碍－细胞疾病－组织结构改变。由此可见，心身疾病与社会、环境的密切关系；还要注意性格与情绪反应的差别，不同的病人以及同一病人不同阶段的作用范围和作用速度都有所不同。心身疾病的治疗必须从生理、心理和社会等方面作综合性治疗。一方面需要找医生针对具体的器质性病变施以治疗，另一方面又必须根据自己的心理社会环境，结合心理治疗、心理咨询来彻底治疗此类疾病。

具体的有药物治疗，药物对症治疗一来减轻疼痛，二来也可以缓解因躯体因素造成的紧张刺激。心理治疗应作为主要的疗法，当病人知道了心理因素与疾病的关系时，就容易改变对疾病的态度，由被动变为主动，由消极变为积极，由悲观变为乐观。还可以进行其他的治疗，如生物反馈治疗、松弛训练以及理疗、水疗、体疗、针灸和气功太极拳等，结合药物和心理治疗，有一定的疗效。

本章小结

心因性的躯体问题和心身疾病是日常生活中最容易遇到的。了解它们的基本含义、症状、引发因素和对应的基本防治方法，对于导游员维护自己的心身健康有积极的作用。

思考题

1. 心因性躯体问题和心身疾病的区别是什么？
2. 什么叫应激源？它可以分为哪些类型？
3. 应激反应对躯体健康的影响机制是什么？
4. 常见的心因性躯体问题有哪些？对应的基本防治方法是什么？

5. 心身疾病有哪些主要特征?

6. 心身疾病可以分为哪些类型?

7. 心身疾病的致病因素主要有哪些?

8. 导游员常见的心身疾病有哪些? 对应的基本防治方法是什么?

心理自测

心理健康状况测试

心理健康状况测试也称症状自评量表(SCL－90),常用于评定心理卫生状况。

以下表格中列出了有些人可能有的病痛或问题,请仔细阅读每一条,然后根据最近一周内(或过去)下列问题影响你自己或使你感到苦恼的程度,给自己打分。"从无"记 0 分,"轻度"记 1 分,"中度"记 2 分,"偏重"记 3 分,"严重"记 4 分。

1. 头痛
2. 神经过敏
3. 头脑中有不必要的想法或字句盘旋
4. 头昏或昏倒
5. 对异性的兴趣减退
6. 对旁人责备求全
7. 感到别人能控制自己的思想
8. 责怪别人制造麻烦
9. 忘性大
10. 担心自己的衣饰整齐及仪态的端正
11. 容易烦恼和激动
12. 胸痛
13. 害怕空旷的场所或街道
14. 感到自己的精力下降,活动减慢
15. 想结束自己的生命
16. 听到旁人听不到的声音
17. 发抖
18. 感到大多数人都不可信任

19. 胃口不好
20. 容易哭泣
21. 同异性相处时感到害羞且不自然
22. 感到受骗,中了圈套或有人想抓住自己
23. 无缘无故地突然感到害怕
24. 自己不能控制地大发脾气
25. 怕单独出门
26. 经常责怪自己
27. 腰痛
28. 感到难以完成任务
29. 感到孤独
30. 感到苦闷
31. 过分担忧
32. 对事物不感兴趣
33. 感到害怕
34. 感情容易受到伤害
35. 旁人能知道自己的私下想法
36. 感到人们不理解自己、不同情自己
37. 感到人们对自己不友好、不喜欢自己
38. 做事必须做得很慢,以保证做得正确
39. 心跳得很厉害
40. 恶心或胃部不舒服
41. 感到比不上他人
42. 肌肉酸痛
43. 感到有人在监视自己、谈论自己
44. 难以入睡
45. 做事必须反复检查
46. 难以做出决定
47. 怕乘电车、公共汽车、地铁或火车
48. 呼吸有困难
49. 一阵阵发冷或发热

50. 因为感到害怕而避开某些东西、场合或活动
51. 脑子变空了
52. 身体发麻或刺痛
53. 喉咙有梗塞感
54. 感到前途没有希望
55. 不能集中注意力
56. 感到身体的某一部分软弱无力
57. 感到紧张或容易紧张
58. 感到手或脚发重
59. 想到死亡的事
60. 吃得太多
61. 当别人看着自己或谈论自己时感到不自在
62. 有一些不属于自己的想法
63. 有想打人或伤害他人的冲动
64. 醒得太早
65. 必须反复洗手、点数目或触摸某些东西
66. 睡得不稳不深
67. 有想摔坏或破坏东西的冲动
68. 有一些别人没有的想法或念头
69. 感到对别人神经过敏
70. 在商店或电影院等人多的地方感到不自在
71. 感到任何事情都很困难
72. 一阵阵恐惧或惊恐
73. 感到在公共场合吃东西很不舒服
74. 经常与人争论
75. 单独一人时神经很紧张
76. 感到别人对自己的成绩没有作出恰当的评价
77. 即使和别人在一起也感到孤单
78. 感到坐立不安、心神不定
79. 感到自己没有什么价值
80. 感到熟悉的东西变成陌生的或不像真的

81. 大叫或摔东西
82. 害怕会在公共场合昏倒
83. 感到别人想占自己的便宜
84. 为一些有关性的想法而苦恼
85. 认为应该为自己的过错而受到惩罚
86. 感到要很快把事情做完
87. 感到自己的身体有严重问题
88. 从未感到和其他人很亲近
89. 感到自己有罪
90. 感到自己的脑子有毛病

SCL－90 测验答卷

F1		F2		F3		F4		F5		F6	
项目	评分	项目	评分	项目	评分	项目	评分	项目	评分	项目	评分
1		3		6		5		2		11	
4		9		21		14		17		24	
12		10		34		15		23		63	
27		28		36		20		33		67	
40		38		37		22		39		74	
42		45		41		26		57		81	
48		46		61		29		72		合计	
49		51		69		30		78			
52		55		73		31		80			
53		65		合计		32		86			
56		合计				54		合计			
58						71					
合计						79					
						合计					

续表

F7		F8		F9		F10				
项目	评分	项目	评分	项目	评分	项目	评分	因子	合计分/项目数	T分
13		8		7		19		F1	/12	
25		18		16		44		F2	/10	
47		43		35		59		F3	/9	
50		68		62		60		F4	/13	
70		76		77		64		F5	/10	
75		83		84		66		F6	/6	
82				85		89		F7	/7	
合计		合计		87		合计		F8	/6	
				88				F9	/10	
				90				F10	/7	
				合计						

其中测验答卷中的F1至F10分别代表各因子,即F1(躯体化)、F2(强迫)、F3(人际敏感)、F4(抑郁)、F5(焦虑)、F6(攻击性)、F7(恐怖)、F8(偏执)、F9(精神病性)、F10(附加因子)。

T分为因子分,为各因子的合计分除以该因子的项目数所得。分析时通常看各因子T分。

国内正常成人的SCL-90的因子分分布测验常模

项　目	X ± SD	项　目	X ± SD
躯体化	1.37 +0.48	攻击性	1.46 +0.55
强迫	1.62 +0.58	恐怖	1.23 +0.41
人际敏感	1.65 +0.61	偏执	1.43 +0.57
抑郁	1.50 +0.59	精神病性	1.29 +0.43
焦虑	1.39 +0.43		

[资料来源:金华等,中国神经精神疾病杂志,1986(5):261.]

评定时,若某因子T分超过X±SD,则认为该因子项已达到中等严重程度。

为了便于判别,根据上表的常模制成正常成人SCL－90各因子正常值范围表。若各因子的合计分小于所列分,则为正常范围;反之,则该因子项已达到中等严重程度以上。

正常成人SCL－90各因子正常值范围

项　目	各因子合计	项　目	各因子合计
F1 躯体化	<28	F6 攻击性	<16
F2 强迫	<28	F7 恐怖	<15
F3 人际敏感	<26	F8 偏执	<16
F4 抑郁	<35	F9 精神病性	<22
F5 焦虑	<23		

测试结果仅供参考。

第十二章　心理障碍、异常行为与防范

培训重点

- 了解心理障碍的概念和评判标准
- 了解心理障碍的分类
- 了解心理过程障碍的类型和基本特征
- 了解神经症的含义、诱发因素和矫治原则
- 了解常见的神经症的基本特征和矫治原则
- 了解人格障碍的含义与主要特征
- 了解常见的人格障碍的基本特征和矫治原则
- 了解常见的性心理障碍的基本特征和矫治原则
- 了解常见的药物依赖的基本特征和矫治原则

人的心理状态不是固定不变的，它可随着环境中社会事件的发生与变化而变化。当人们能运用自身的应对能力承受挫折，适应环境变化时，人的心理健康状态便得到维护。当人们无法适应环境变化时，心理健康状态便受到威胁，严重的可引发心理障碍。虽然大多数心理障碍可通过治疗得到矫正和恢复，但预防其发生才是最重要的。因此，我们不仅要研究正常心理规律，而且要研究异常心理规律，研究心理障碍的产生、发展。导游员中心理障碍的发生率近年有升高的趋势，这不仅对个人的发展形成负性的影响，也会对群体造成不安定或危害因素。因此有必要了解心理障碍的知识，以便在早期发现此类人员并对他们提供及时的帮助。

需要指出的是，对心理障碍的诊断和治疗是专业性很强的工作，一般要由精神科医生和专家来诊治。不要轻易草率地对号入座，给自己下错误的结论。

第一节　心理障碍的概念与分类

精神疾病有广义和狭义之分。广义的精神疾病，指以精神活动障碍为主要表现的一类疾病，包括精神疾病分类中的所有精神疾患。狭义的精神疾病则不包括神经症、人格障碍、心理生理障碍和智力发育迟滞等，特指以严重的精神功能异常为特征的一组疾病，患者的认识、情感、意志行为、社会交往能力均受到严重的损害，以致丧失自知力和检验现实的能力，不能正常参与社会生活，有可能危及自身、他人和社会，因而需要住院治疗或受到监护。即便是重性精神病，也并非不治之症。不管是哪种精神疾病，都要求做到早期发现、早期诊断和早期治疗。

根据《中国精神疾病分类方案与诊断标准》第 3 版修订本（CCMD－3）（2001），中国精神疾病分类情况见表 12－1。

表 12－1　中国精神疾病分类（2001）

0. 器质性精神障碍
1. 精神活性物质或非成瘾物质所致的精神障碍
2. 精神分裂症（分裂症）和其他精神病性障碍
3. 心境障碍（情感性精神障碍）
4. 癔症、应激相关障碍、神经症
5. 心理因素相关生理障碍
6. 人格障碍、习惯与冲动控制障碍、性心理障碍
7. 精神发育迟滞与童年和少年期心理发育障碍
8. 童年和少年期的多动障碍、品行障碍、情绪障碍
9. 其他精神障碍和心理卫生情况

一、心理障碍的概念

心理障碍是指个体无法有效地按公认的社会规范或适宜方式适应日常生活

而表现出来的心理异常或行为偏离。它是对许多不同种类的心理和行为异常的统称。有关心理和行为异常的术语，还有变态心理、变态行为、精神障碍等，且由于含义相互重叠而被交叉使用，这在认识和应用中往往容易造成混乱，这种状况的产生与历史发展不同阶段的认识水平以及不同的社会文化背景有关。随着历史发展、社会进步，心理障碍新概念的认识应从以下几个方面来理解，一是个体没有能力适应现实环境的要求，这可能归因于机体器质性损害或功能性损害，也可能两者兼有。例如，脑器质性损伤、认知功能缺陷、能力或动机缺乏等。有时，正常人处于隔离、药物作用、催眠等特殊情况下，适应环境的能力下降，也可发生某些心理偏移。二是障碍可以理解为失常或反常、失调或无序。当一个人的心理或行为偏离了社会公认的规范或适宜的行为方式时，即可被看做心理行为异常。三是对心理障碍的理解不能脱离社会价值判断，而价值判断标准和评价尺度取决于当时人们所处的社会文化背景，并随时代的变迁而不断变化。同一行为方式，在不同文化背景中的评价可能会迥然不同，即使在同一文化背景中也会随时间的迁移而发生改变。例如，在中国“文化大革命”期间，人们对早请示晚汇报、跳“忠”字舞习以为常。但在当今中国改革开放后的文化氛围中，出现这样的行为则可能被视为病态。四是个体适应环境的能力缺失，社会适应功能低下。社会适应能力主要包含四方面内容：生活自理能力；人际交往能力；学习、工作与家庭活动的能力；按社会文化规范和法律规范等要求进行自控的能力。因此，具有偏常行为只能标志有心理障碍的可能，并不能简单地给予确切的结论。只有当个体的偏常行为影响其有效地适应日常生活要求时，才能为判断心理障碍提供更为可靠的依据。

不同的理论学派对心理障碍的研究角度不同，所制定的心理障碍评判标准也不一样，至今未有一个统一与公认的标准。目前较有影响的心理障碍评判标准有完美标准、经验标准、社会适应标准、统计学标准、症状与病因学标准、综合标准等。

完美标准。这一标准认为正常心理是心理上完美无缺的理想状态。一旦有某种缺陷或不足，便是心理不正常或障碍。

经验标准。这一标准是判别者依据自己掌握的理论知识和实践经验，在充分占有第一手资料的基础上，凭借个人的认识和经验去评价他人心理活动的特点及规律，或以一般人对正常心理与行为的判别经验为参照，来判断他人的心理是正常还是异常。

社会适应标准。这种标准认为人的心理是否正常取决于他能否及时正确地调整自我与环境的关系。心理正常的人总是能调整自身的需要、动机、情感、兴趣等，以适应社会准则、风俗习惯、伦理道德等规范，符合社会的要求。如果一个人总不能适应环境，经常处于紧张状态，不能按照社会认可的方式行事，其心理就是异常的。

统计学标准。这一标准认为人的心理测量结果通常呈正态分布，居中的大多数人属于心理正常范围，居两端者被视为"异常"。如果一个人的心理活动背离了大多数人的一般模式（社会常模），其心理就是异常的。

症状与病因学标准。这种标准将心理障碍当做躯体疾病一样看待。如果一个人身上表现的某种心理现象或行为可以找到病理解剖或病理生理变化的根据，则认为此人是异常的或病态的。

综合标准。这一标准认为判断心理状态正常与异常应综合八项标准来评判，即自知力水平、心理过程的完整性和统一性的程度、对环境适应和灵活反应的程度、心理活动时能否善始善终、分析综合推理和判断过程是否具有逻辑性、自觉性和自制程度、现实性状态、人格健全程度。当以上八个方面均完好时，便是心理健康状态，否则，可导致不同程度的心理障碍。

二、心理障碍的分类

据世界卫生组织估计，在同一时期，人群中大约有20%的人存在着不同程度的心理异常。对如此巨大数量的异常心理进行分类显得十分重要。目前，对心理障碍的分类主要有：

按心理现象异常分类。它将心理障碍分为认知过程障碍、情感过程障碍、意志过程障碍、意识障碍、人格障碍、性心理障碍。

按心理障碍的程度分类，它将心理障碍分为轻、中、重度三大类。

按"疾病"分类。它将心理障碍分为心身疾病、神经症和精神病。

按症状和病因分类。它以心理障碍的临床症状和病因作为分类的依据。如世界卫生组织目前已修订到第十版的《国际疾病的相关健康问题分类》将心理障碍分为11类。即器质性（包括症状性）精神障碍；使用精神活性物质所致的精神和行为障碍；精神分裂症、分裂样障碍和妄想性障碍；心境（情感）障碍；神经症性、应激相关及躯体形式的障碍；伴有生理紊乱及躯体因素的行为综合征；成人人格与行为障碍；精神发育迟滞；心理发育障碍；通常起病于童年与少年期的行为与情绪障碍;未特定的精神障碍。又如,美国精神医学会第四版的《精神疾病诊断和统计手册》将心理障碍分成17类。即通常在婴儿、儿童或少年期的障碍;谵妄、痴呆、遗忘及其他认识障碍;由躯体病引起的、在他处未提及的精神障碍;与物质有关的障碍;精神分裂症及其他精神病性障碍;心境障碍;焦虑障碍;躯体形式障碍;做作性障碍;分离性障碍;性及性身份识别障碍;饮食障碍;睡眠障碍;未在他处提及的冲动控制障碍;适应障碍;人格障碍;可能成为临床注意焦点的其他问题。

第二节　心理过程障碍

一、认识过程障碍

它主要包括感知觉障碍、注意障碍、记忆障碍、智能障碍及思维障碍。

(一)感知觉障碍

感知觉障碍多是某些疾病的表现,它既可以是神经系统的疾患,也可以是心理性障碍。它包括感觉障碍、错觉或感觉倒错、幻觉和感知综合障碍。

感觉障碍是指个体对外界刺激的感受性异常,表现出对不同刺激的感受阈值增高或降低,如感觉过敏、感觉减退等。

感觉倒错是对刺激产生了与实际情况相反的感觉。错觉是对客观刺激产生歪曲的知觉。如飞行员把大海知觉成蓝天。错觉可分为物理性错觉、生理性错觉和病理性错觉,以后者最为严重。

幻觉是一种没有客观刺激而产生的虚幻的知觉。根据感觉器官可分为视幻觉、听幻觉、味幻觉、触幻觉和内脏幻觉等。实际上幻觉是大脑皮层感受区异常兴奋所引起的,与感觉器官无关。

感知综合障碍是指对客观事物的部分属性产生了歪曲的认识。例如视物变大变小,时间“停滞不前”或“飞驰而过”,有时把运动的物体看成静止不动,或相反地把静止的东西看成正在运动。有的病人感到自己的头部变大、下巴变长,或感到四肢的长短发生改变,或觉得身体的某一部分发生隆起或内陷等。

(二)注意障碍

注意障碍主要为注意品质的异常,它可表现在注意的强度、广度、稳定性和持久性等方面。如对客观事物或自身状态过分注意所表现出的不应有的过高警觉性,即所谓的注意增强。而注意强度减弱、注意广度缩小和稳定性下降称为注意减退。注意涣散、注意迟钝、注意力难以集中也都是注意障碍的表现。

(三)记忆障碍

记忆障碍包括记忆增强、记忆减退和记忆错误。异常的记忆增强是指在病理情况下,对很久以前发生的早已遗忘的经历能够清晰地回忆出来。记忆减退是保存和回忆的缩减,对识记过的事物不能回忆称为遗忘。由器质性脑病引起的遗忘为器质性遗忘;由不良情绪状态诱发的遗忘为心因性遗忘。记忆错误是指回忆或再认的歪曲。如对一个真实事件的追忆中添加了错误的细节便是错构;若以想象的、没有事实根据的内容无意识地填补记忆缺失称为虚构。

(四)智能障碍

智能障碍是指智能低下、智力缺陷,是大脑受到器质性损害或大脑发育不全而造成的认识活动的持续障碍以及整个心理活动的障碍。智能障碍可分为精神发育迟滞和痴呆两大类。

精神发育迟滞是指在生长发育成熟以前,大脑发育由于某种因素的作用而受到阻碍,致使智力明显低下并有社会适应困难的一种综合征。这些因素包括遗传性疾病、围产期疾病、婴幼儿至儿童期某些疾病(如感染、中毒、营养不良等)及社会文化因素(如文化教育机会的匮乏)等。

痴呆是一种脑部疾病所致的智能低下综合征。它涉及各种高级皮层功能紊乱,包括记忆、智能和人格方面的障碍。常表现为记忆力、计算力、理解力,以及综合分析能力、判断推理能力减弱或低下。临床上常见的痴呆有脑血管性痴呆、阿尔采墨氏病性痴呆、克—雅氏病性痴呆等。

(五)思维障碍

思维障碍包括思维联想障碍、思维逻辑障碍和思维内容障碍。思维联想障碍是指联想过程发生困难或杂乱。联想加快,思潮澎湃,语速加快,语音高亢称为思维奔逸;反之为思维迟缓;联想结构松弛,内容散漫,词不达意称为思维松弛;联想断裂,语句之间缺乏联系则是破裂性思维。思维逻辑障碍表现为逻辑思维过程的紊乱、离奇、荒谬、脱离现实,以不可理解的逻辑思维形式代替思维的逻辑规律。如某人反穿衣服表示其做事"表里如一"。思维内容障碍(妄想)是一种在病理基础上产生的歪曲的信念,是变态的推理和判断。这种荒谬的内容虽然不符合客观现实,也不符合一般常识,但患者坚信不疑,不能用说服教育和经验教训予以纠正。

二、情感过程障碍

情感过程障碍主要包括病理性优势心境、情感反应障碍和情感统一性障碍。

(一)病理性优势心境

病理性优势心境是指某种病态心境笼罩着一个人整个的精神状态。如表现为异常的持续性的情绪高亢,称病理性愉快心境;如表现为异常的持续性心境不佳,称病理性情绪低落。

(二)情感反应障碍

情感反应障碍是指情绪的始动机能失调,出现与客观刺激不相符的过高或过低的反应。如反应敏感,表现为易激惹,称情绪反应过敏;如表现为反应速度缓慢,强度低下,与刺激不相符合,称为情感反应迟钝;如表现为情感活动减退,对周围的任何刺激均缺乏相应的反应,称为情感淡漠;如情感反应不仅激惹性增高,而且有反应强度过大的特点,称病理性激情;如过分担心发生威胁自身安全的事件或其他不良后果,伴有焦灼不安,紧张恐惧,顾虑重重,称为焦虑。

(三)情感统一性障碍

情感统一性障碍是指情感反应与环境刺激的性质、内心体验或思维活动不一致。如情感体验与当时外界刺激及患者的思维内容不相协调(如谈及高兴事时,却表现出悲痛情绪)称为情感倒错;当患者的表情与其内心体验不一致时,称为表情倒错;当病人同时体验着两种相互矛盾的情感,又爱又恨,称为矛盾情感。

三、意志行为障碍

意志行为障碍主要包括意志增强、意志减退、意志缺乏和行为障碍。

(一)意志增强

意志增强是指由各种病态的原因引起的意志活动增多。如患者受迫害妄想的支配而到处告状等。

(二)意志减退

意志减退是指由于情绪低落,对周围事物不感兴趣以致意志消沉,不愿活动。

(三)意志缺乏

意志缺乏是指患者对任何活动都缺乏动机、要求,对工作、学习无自觉性,个人生活极端懒散，行为孤僻、退缩。

（四）行为障碍

行为障碍是指精神活动的过度增强或降低。如表现为整个精神活动增强，整天忙忙碌碌，称为精神运动性兴奋；如表现为整个精神运动降低，患者言语动作普遍迟缓和减少，思维迟钝，反应性差，称为精神运动性抑制。

四、意识障碍

意识障碍主要包括周围意识障碍和自我意识障碍。

（一）周围意识障碍

周围意识障碍临床表现为意识清晰度降低、意识范围缩小和意识内容的变化。临床一般以意识清晰度降低程度为主要依据分类。

嗜睡。意识清晰度水平降低较轻微，在安静的环境下呈嗜睡状态，呼叫或推动其肢体可使之清醒。但刺激一消失患者又进入睡眠状态。

意识混浊。一种反应迟钝状态，只有在强烈的刺激下才能引起病人的反应。此时，患者思维缓慢，注意、记忆、理解都困难。

昏睡。表现为对周围环境和自我的意识均丧失，在较强的疼痛刺激下，可引起一定的防御反射。

昏迷。表现为意识完全丧失，对任何刺激不产生反应，有时可引出病理性反射。

蒙眬状态。表现为在意识清晰度降低的情况下，又伴有意识范围缩小的情况。患者在缩小的意识范围内可有相对正常的感知觉以及复杂连贯的行为，但除此范围外的事物都无法正确地感知判断。

谵妄状态。表现为在意识清晰度降低的同时，产生大量的幻觉、错觉，并伴有紧张、惊恐、不安等情绪反应。

（二）自我意识障碍

自我意识障碍表现为对自我当前的主观状态不能正确认识，包括不能感知自身的存在，不能意识到自身是一个单独的个体，不能把当前的“我”和过去的“我”联系起来，以及失去自我支配感等。自我意识障碍常有以下表现。

人格解体。对自我的不真实感。意识不到自己的精神活动或躯体的存在，丧失对自身行为的现实体验。

双重人格。表现为两种不同的人格在同一人身上先后出现，而每种人格的主体并无损害。

多重人格。表现为多种不同的人格在同一个人身上轮流出现，每种人格的完整性依然保存。

自知力丧失。表现为患者对自己所患的心理异常状态的认识能力缺失。

第三节 神经症

一、神经症概述

神经症旧称神经官能症，是一组轻度精神障碍，主要表现为精神活动能力降低（如注意力不集中，记忆力差，思维与工作效率降低），情绪波动与烦恼，体感性不适增加。体检无器质性疾病，自知力良好，无精神病性症状。

一般认为，神经症的形成主要是由内部心理因素决定的，病前有一定的素质和人格基础，个体早年心理发展过程中对冲突的过分压抑、错误的学习过程均起重要作用。起病与工作学习负担过重或与精神应激因素有关，但症状没有心因性精神障碍那样严重，患者虽有无法摆脱的精神痛苦，甚至影响工作、学习、生活或社交，但能主动要求治疗。符合上述症状但病程不足三个月的，诊断为神经症性反应。导游员中的神经症多由环境因素引起，如过重的工作压力和生活负担，理想与现实的矛盾冲突，人际关系长期紧张，交友恋爱中的挫折，以及不适当的心理防卫机制等。一个人是否患病及何时患病，主要取决于心理因素与环境因素的相互作用。

神经症症状有时虽可见于精神分裂症和情感性障碍等重性精神病，但两者之间有着本质区别。前者通常自知力良好，能主动求医。后者通常存在幻觉、妄想、注意、思维等方面的认知功能障碍，情感障碍，行为障碍及人格改变等症状，检验现实的能力受损，对所患疾病无自知力，不主动就医或拒绝治疗，社会功能严重受损。

神经症的矫治主要靠心理治疗。心理治疗中，应针对不同类型的神经症及其严重程度，确定不同的治疗目标，采用相应的方法。同时，尽可能减轻患者过重的负担，调整生活方式，鼓励患者从事适度的体育锻炼，进行自我调节。由于神经症的病程也依赖于环境的影响，心理治疗与环境治疗应结合使用。研究表明,有针对性地综合应用多种治疗方法,比采用某种单一疗法更为有效。

二、几种常见的神经症

(一)焦虑性神经症

焦虑是人们日常生活中一种普遍的情绪反应倾向。当个体面临外来威胁、灾难或危险时,通常表现出紧张不安或恐惧的情绪状态,就是焦虑。导游员面临难以克服的障碍或目标受阻,自尊心和自信心受挫,失败感或内疚感增加时,通常都会体验到焦虑。焦虑的一般反应有惊慌、躲避和恐惧,也有愤怒和攻击。如果一个人面临危险或困境而不产生焦虑,属于病理性反应,称焦虑无能。适度的焦虑,能激发人的动机、提高学习和工作效率。

焦虑又是精神疾病的基础过程。大多数神经症性障碍均伴有焦虑,如果临床症状以焦虑为主要表现,则称为焦虑性神经症,简称焦虑症。焦虑性神经症是以广泛和持续性焦虑或反复发作的惊恐不安为主要特征的神经症性障碍。临床上分为广泛性焦虑和惊恐发作两种类型。

广泛性焦虑又称慢性焦虑症,指以持续的广泛性焦虑症状为特征的障碍。广泛性焦虑常无明显的诱因,也非器质性病变引起,病程多迁延。惊恐发作又称急性焦虑症或惊恐症,以反复出现强烈的惊恐发作为特征。焦虑症状可见于多种精神障碍,焦虑症本身也可以和抑郁症及其他神经症合并存在。单一焦虑症患者通常对疾病关心,迫切要求治疗,且愈后较好。

药物治疗对焦虑症有明显效果,但只能作为辅助性或应急措施。心理治疗通常取认知疗法,使患者认识到,本病的性质是功能性的而非器质性的,减轻患者心理负担,消除顾虑。行为疗法、放松疗法对广泛性焦虑有良好治疗作用。

(二)恐怖性神经症

恐怖性神经症是以对某种特定事物、活动或情境产生持续的不合理的恐惧为特征的神经症性障碍。恐惧害怕的对象可能是单一的或多种的,常见的有动物、高处、广场、闭室和社交活动等。

生活中较常见的有单纯恐怖和社交恐怖。单纯恐怖症又称特殊恐怖症,表现为对某种特殊物体、情境或活动的恐惧,如对某种动物、昆虫、物体的恐惧。患者害怕的往往不是和这些物体接触,而是担心接触之后会产生的可怕后果,例如怕尖锐的物品伤人;怕过桥时桥坍塌,掉下水去;怕各种小动物会咬伤自己等,且明知这些想法是过分的或不必要的,但无法控制。

社交恐怖主要表现为对社交情境或对象的恐惧，害怕处于众目睽睽的场所，害怕当众演讲、表演、写字等。其中，害怕被人看见会脸红或坚信自己见人脸红，因而一见人就害怕，称赤面恐怖。害怕与别人对视，或自认为眼睛余光在窥视别人，因而惊恐不安者称对人恐怖。

恐怖症的治疗以心理治疗为主。行为疗法治疗各种恐怖症均有良好效果。

（三）抑郁性神经症

抑郁是一种忧伤、悲哀或沮丧的负性情绪体验，除含有悲伤外，还合并产生痛苦、愤怒、羞愧、自罪感等情绪。与一般的悲伤反应不同，抑郁比任何一种单一的负性情绪更为强烈和持久，给人带来的痛苦也更大。但抑郁又是一种普遍的情绪反应，可以说人生总有一段时间生活在抑郁中。处于抑郁状态的人，如果能面对所遭遇的现实和处境，作出恰当的分析和认识，接受丧失与悲伤这一事实，就有可能克服抑郁心境，重新适应环境。

抑郁性神经症是一种以持续的心境低落为特征的神经症，常伴有焦虑、躯体不适感和睡眠障碍，但没有明显的运动性抑制或精神病性症状，生活能力不受影响，且有治疗要求。

在临床上抑郁性神经症主要表现为持久的轻度至中度的抑郁。在情绪方面，常感到心情压抑、郁闷或沮丧，对日常活动缺乏兴趣，对前途悲观失望，病前的精神创伤常盘踞脑中，以至于精神不振，脑力迟钝。在认知方面，自尊心和自信心低落，自我评价下降，常夸大自己的缺点和失误，自责和内疚，但愿意接受鼓励和赞扬。在社会交往方面，不愿主动与人交往，但被动接触良好，愿意接受同情。抑郁性神经症患者对自己痛苦处境无力自拔，因而更加悲观，有轻生念头，但又矛盾重重。自觉病情严重，但常能主动求医，希望治愈。如不深入了解患者存在的抑郁心境，极容易误诊，致使病程迁延。如能及时发现、充分治疗，患者大多数能够康复。

对抑郁性神经症一般采用药物与心理治疗相结合的方法。支持性心理治疗有良好作用，帮助患者及其亲友了解疾病的性质，使患者以正确的态度对待疾病，增强自尊，坚定治愈信心。

（四）强迫性神经症

我们每个人都有一些轻微的强迫现象，如在某段时间总在想一些音调、词序或名称，总要去数钟声、台阶和楼层，总要求自己房间整洁，办事井井有条，总进行一些强迫性的礼仪等，但这些固定的模式或习惯并不给自身带来痛苦，也不伴有焦虑,并且可以通过转移注意或受外界影响而中断。

强迫性神经症则是以反复出现强迫观念和强迫动作为基本特征的一类神经症性障碍。强迫症的特点是有意识的自我强迫与自我反强迫同时存在,患者明知没有必要,但又无法控制。二者的冲突常导致紧张不安和痛苦。病程迁延者可表现为以强迫仪式动作为主,精神痛苦显著缓解,但这时患者的社会功能已严重受损。

临床上强迫性神经症的基本症状是强迫观念、强迫情绪、强迫意向和强迫动作,可以以一种为主,或兼而有之。

对强迫性神经症的治疗,以药物和心理治疗相结合效果较好。心理治疗可综合应用支持性心理治疗和行为治疗,以减轻焦虑,矫正行为。对于强迫思维或强迫意向可采用认知疗法,辅以放松训练。对少数重症或慢性患者,如心理治疗难以奏效,可转精神科对症治疗。

(五)疑病性神经症

疑病性神经症是以疑病症状为主要临床表现的神经症性障碍。患者对自身的健康状况或身体某部分功能过分关注,怀疑自己患了某种躯体或精神疾病,但与其实际健康状况不符,医生对疾病的解释或客观检查常不足以消除患者的固有成见。

临床上,疑病症患者表现为对自身健康或疾病的过分担忧,害怕自己患了某种疾病,对经常出现的异常感觉或生理现象作出疑病性解释,因而烦恼不安。疑病症起病大多缓慢,病程持续,常导致社会功能缺损,影响学习、工作、日常生活和人际交往。青少年中,有的持续坚信自己身体的某一部位是畸形的或丑陋的,并且自觉令人尴尬讨厌,最常关注的部位是头面部及女性的胸部,但客观上并没有或只有微不足道的异常,则属于美观疑病症。

对于疑病症,首先应排除躯体或其他精神疾病,诊断确定后即停止各种不必要的检查。原发性疑病症以心理治疗为主,其中支持性疗法是治疗疑病症的基础。森田疗法对消除疑病观念有良好作用。

(六)神经衰弱

神经衰弱是一类精神容易兴奋、脑力容易疲乏,伴有情绪烦恼和心理生理症状的神经症。这些症状不能归因于已存在的躯体疾病,脑器质性病变或某种特定的精神疾病,但病前可能存在持续的情绪紧张或精神压力。

临床上,以神经衰弱症状为主要特点,如脑力易疲乏,感到没有精力和脑力迟钝，注意力不集中或不能持久，记忆力差。兴奋症状，如精神容易兴奋，回忆和联想增多且难以控制，兴奋伴有不快，但没有言语，运动增多。情绪症状，如易烦恼，易激怒，此外，还可表现为紧张性头痛和睡眠障碍。

神经衰弱的基本治疗方法是心理治疗。心理疏导疗法和森田疗法较为有效。也可在团体或小组治疗基础上进行个别辅导。

第四节 人格与性心理障碍

一、人格障碍

人格障碍又称变态人格或人格异常。当一个人所特有的人格特征持久显著地偏离正常，并由此引起较严重的痛苦状态或明显影响社交和职业功能，称为人格障碍。狭义的人格障碍专指反社会型人格障碍。

人格障碍患者与正常人的差别主要不在于人格特征本身，而在于其人格特征明显偏离文化期望的范围，且具有显著性和突出性。人格障碍表现为自我评价、选择行为方式和情感控制方面的障碍，集中表现为社会适应不良，即不能根据外界环境所提供的反馈信息，调整自己的行为。其内心体验常背离生活常情，外在行为常违背社会准则，因此难以保持稳定的人际关系，不但给他人和社会带来伤害，患者自己也因此蒙受伤害和痛苦。

由于人格障碍的本质和发生原因尚不明确，因此对治疗的作用评价不一。药物治疗不可能从根本上改善人格结构，但对某些症状可能有一定效果。心理治疗有可能增强其内在的责任感和羞愧感，提高对自身行为的控制力。

二、几种常见的人格障碍

（一）反社会型人格

反社会型人格障碍是以行为不符合社会规范和道德准则为主要特征的人格障碍，主要表现如下。

极端自我中心。一切言行纯粹以自我为中心，不遵守社会规范，常侵犯他人或社会利益以满足私欲。两性关系上也纯粹以自我满足为出发点，不愿对他人付出应有的亲情和爱心。

无责任心和义务感。不论对人对事,均无责任心和义务感,经常不承担经济的和亲情的责任和义务,如不偿还债务,不赡养父母。

无羞耻感和内疚感。缺乏判断是非善恶和从失败或惩罚中吸取教训的能力,对自己反社会行为产生的恶果不感到痛苦,知过而不改,且诿过于人。

易冲动易激怒。对侵犯他人或社会的行为,事先无明确的动机和计划,多起于一时冲动。多有攻击和斗殴行为,惩罚也不能对其构成威胁。

情感冷漠。对自身和他人安全都漠不关心,情绪上极少焦虑和恐惧反应,也少激动。在特定情境中也缺乏相应的情感表达,不具备常人受感动时特有的喜怒哀乐。

虚伪,缺乏坦诚。相貌和智力常在中等以上,常给人以良好的第一印象。从不关心他人却强烈需要他人的关注和信赖。不尊重事实,经常撒谎,欺骗他人以获取个人利益和享乐,因而无法取信于人。

自毁行为。生活无目的、无计划、无方向,缺乏领悟能力,常在幻想状态下恶作剧,言行粗鄙,惹人讨厌。就其自身幸福而言,其所有言行无异于自我毁灭。

这类患者病因涉及生物、心理、社会诸多因素,心理治疗可综合采用个别治疗或小组治疗方法、综合心理教育和社会训练进行。如有违法行为,可在接受惩罚或服刑同时,辅以心理治疗。

(二)表演型人格

表演型人格障碍又称癔症型或戏剧型人格障碍,是一种以过分情感化和夸张言行吸引注意为主要特征的人格障碍,主要表现如下。

表情夸张,情感肤浅。人际交往中表面热情,但实际上情感体验肤浅,嫉妒心重,缺乏与人真诚交流的情感。

表现欲强。有高度的自我表现欲,通常有突出的能给人深刻印象的表演天赋。其表现欲不仅涉及外在自我表现,也涉及对表演的内在体验欲,并从中获得满足。

自我中心。常以自我为中心,争强好胜,稍不如意就强烈不满或给人难堪。喜欢操纵别人为自己服务,甚至不顾起码的尊严,用色情达到目的。

寻求注意。渴望并积极参加各种社交活动,以期引人注目。为寻求注意不惜哗众取宠,危言耸听,或在外貌上表现得过于吸引异性,或在行为上有惊人之举,以赢得注意和赞赏。

病理性说谎。说话常夸大其词,掺杂幻想情节,有时为了打动对方,不惜编造谎言,常用想象和谎言补充事实。一般人说谎有自知力,但患者常对不称心的客观事实加以潜抑,说谎时也意识不到,他们对自己的真实情感一般也缺乏正确的认识,因而可以心安理得地生活在谎言之中。

受暗示性强。易受他人暗示的影响。当这种暗示符合其个人利益时,很快就会转化为表演型行为。

社会适应不良。表面聪明伶俐,但思维肤浅,缺乏深思熟虑。表面有适应和交往能力,但由于缺乏真诚,很难与人建立深厚持久的人际关系,常导致与周围同事和邻里关系紧张。

由于适应不良,患者常以躯体主诉,如失眠、胃病、心跳过速等求医,希望引起医生的注意。治疗中面对患者的表演行为或戏剧性描述应小心谨慎,持克制、观望态度,将患者的叙述看做某些需要的表达形式。对表演型人格障碍,心理治疗的作用有限,但对解决和处理其现实生活中的矛盾和冲突仍是有益的。本症预后较好,一般随年龄增长,症状会逐渐缓解。

(三)冲动型人格

冲动型人格障碍又称爆发型或攻击型人格障碍,是一种以行为和情绪具有明显冲动性为主要特征的人格障碍,主要表现如下。

行为冲动。行为暴躁,难以自控,有不可预测和不考虑后果的行为倾向。在行为受阻或受到批评时,极易与人发生争吵和冲突,具有明显的冲动性。

情绪不稳。缺乏对情绪的控制,很小的刺激就能引起强烈的情绪反应。情绪反复无常,可突发抑郁、焦虑、激惹,随后又如常人。

人际关系失调。不能忍受孤独,有强烈而不稳定的人际关系,与人关系要么极好,要么极坏,几乎没有持久的朋友。

生活空虚,焦虑不安。生活无目的,尤其不能事先计划或预见将会发生的事情。做事缺乏坚持性,并因此长期感到空虚和焦虑不安,甚至有自伤行为。

冲动型人格障碍与先天气质因素有一定关系。有人认为是素质上缺少应激能力或植物神经功能不全。行为治疗与社会适应训练结合,对人格改善有一定帮助。

(四)偏执型人格

偏执型人格障碍是一种以猜疑和偏执为主要特征的人格障碍,主要表现如下。

敏感多疑。主观,敏感,常将他人无意的或友好的行为误解为敌意或轻蔑,或无端怀疑自己被人利用和伤害。过分警觉与防卫,常处于戒备和紧张状态。

极端自负。极端自信自负,总认为自己正确和重要,将挫折和失败归因于他人和客观。自命不凡,自高自大,常认为自己怀才不遇,受到他人特别是领导压制。

敌对固执。主观性强,好诡辩,敌对固执地追求个人的权益。不相信他人,很难以事实或道理来改变他们的认识和观念。

病理性嫉妒。心胸狭隘,好嫉妒。常无端怀疑配偶或恋爱对象另有新欢,对自己不忠,明知自己无根据,但无法控制。常跟踪逼问对方以求证实,即使不能证实也坚信如故。

由于患者对他人缺乏信任,也不相信治疗会有帮助,治疗者对患者表现出充分的尊重、信赖和诚挚的态度非常必要,以争取患者的配合。

(五)焦虑型人格

焦虑型人格障碍是一种以缺乏自信和行为退缩为主要特征的人格障碍,主要表现如下。

个性敏感。情感细腻、多愁善感、敏感羞涩、怯懦胆小,极易因受到批评或反对蒙受情感伤害,因此常心事重重,坐卧不安。面临应激或挫折,缺乏情绪表达能力,常将负性体验保存在意识中。

缺乏自信。通常有较强的理想追求,但由于人格的敏感和脆弱,一方面积极肯干、任劳任怨,另一方面对外界评价特别敏感,害怕承担重要职责,很难自我实现。当理想目标与现实性格产生明显冲突时,极易出现自我评价危机,表现为缺乏自信,怀疑自身价值。

行为被动退缩。具有交往需要和被动交往能力。希望被人接纳,又担心遭人拒绝和嫌弃伤及自尊。人际交往中也少有积极主动的态度,或者回避,或者无条件迁就他人,难以进行深入的情感交流。

焦虑体验。有交往需要,但对社交不利的后果非常敏感。因不能获得周围人同情与肯定,常与周围环境保持相当距离。这种矛盾和冲突常带来烦恼和忧愁。

心理治疗以认知治疗为主,使患者了解自己的人格特征,特别是不适当的防卫方式。治疗中充分肯定其感觉敏锐、谦虚、富有正义感和移情能力的长处,鼓励患者处理好理想与现实之间的冲突。此外可辅以自信心训练。

三、性心理障碍

性心理障碍又称性变态或性心理异常，指个体在性心理和性行为上明显偏离正常。这类心理障碍的共同特征是性兴奋的唤起，性对象的选择以及性行为方式等方面出现持久性异常表现。

性心理障碍成因复杂，生物学原因尚不明确，多数学者认为主要是通过后天心理和社会因素形成的，其中儿童早期经验对性心理和行为的发展起重要作用。

(一)同性恋

在正常生活条件下，同性成员之间具有性爱的吸引力，并持续表现性爱倾向，称为同性恋。

同性恋通常始于少年期。一般认为童年期家长对子女的性别期望、教养方式及个体所处不良环境，是同性恋形成的重要因素。大学校园中，较多的是同性成员间的情感依赖，而不是性行为。有无同性性行为是区别是否真同性恋的重要指标。

临床上同性恋和异性恋表现为一个连续的移行的带谱。同性恋的性爱倾向是指思想与情感倾向，可伴有或不伴有性行为。具有同性恋倾向的人，对异性成员可以毫无性爱倾向，也可以仍有较弱的性爱倾向或正常的性行为，以同性性爱倾向为主的人被诊断为同性恋。

同性恋者通常只有在一定条件下，如陷入情感危机或关系破裂，面临个人或社会冲突时，才感到需要求助于心理医师。心理治疗常采用支持性疗法，消除疑虑，寻找原因，使患者正视问题所在。继而采用行为治疗的厌恶疗法及行为矫正方法，培养患者对异性的正常情感。

(二)易性癖

心理上对自身性别的认定与解剖生理上的性别特征相反，具有持续存在的改变本身性别的解剖生理特征以达到转换性别的强烈愿望，称为易性癖。

临床上易性癖患者坚信自己属于另一种性别，对自己解剖生理的性别特征表示厌恶或痛苦，强烈要求转变为异性的解剖生理特征，如要求实行变性手术或服用异性激素。患者本身并无生殖器官解剖生理畸变与内分泌腺体异常，也不是由其他精神疾病导致的替身或化变妄想。通常这种愿望至少存在两年以上，且持续存在。

易性癖的病因尚不清楚，少数男性患者有性染色体畸变(XXY)或轻微脑功能缺陷。由于患者一般期望激素治疗或手术改变性别，故心理治疗难以奏效，但心理治疗对于患者面临的人际冲突和社会困境仍有帮助。

（三）恋物癖

受强烈的性欲望与性兴奋的联想驱使，反复出现收集异性使用的无生命物体，称为恋物癖。

临床上恋物癖几乎仅见于男性，所恋物体多为与女性身体接触的东西，如内衣、乳罩、头巾、鞋袜等，通过抚摸、嗅闻引起性兴奋，或伴以手淫获得性满足。异性身体的一部分，如毛发、指甲等也可成为收集的对象。患者为了取得他们渴求的物体，常不惜采用偷窃的方法，但应与偷窃癖相区别。需要注意的是，通过正常交往获得异性的物品并加以珍藏，如纪念品或信物等，但不以此作为性刺激的重要来源或获得性满足的基本条件，这是正常的，不属于恋物癖。

（四）异装癖

具有正常异性恋的男性有反复出现穿着女性装饰的强烈欲望，并由此引起性兴奋，称为异装癖。

临床上异装癖并非由特殊文化背景或社会流行风尚所致，纯属个体为获得性兴奋的特殊行为。通常该行为反复出现半年以上，且受强烈欲望驱使，如果加以抑制则引起明显的不安情绪。异性装扮本身不引起性兴奋者不属于异装癖。与易性癖不同的是，患者性爱的对象为异性，且不排斥自身的性器官，也不要求改变自身性别特征。异装癖与恋物癖关系密切，如果二者集于一身，则诊断为恋物性异装癖。

异装癖多源于童年家庭中不正确的性别角色期待和不良的教育环境。

（五）窥阴癖

反复暗中窥视异性裸体或性活动，以达到引起自身性兴奋的强烈欲望称为窥阴癖。

临床上，窥阴癖几乎仅限于男性，常在 15 岁前开始。患者受强烈性欲望和性兴奋的联想驱使，在半年以上时间内反复出现暗中窥视异性裸体或与性有关的活动，伴有当场手淫或事后回忆窥视景象同时手淫，以获得性满足。窥阴癖患者个性通常拘谨、胆怯，缺乏自信，羞于与异性交往，但对内心性冲动难以自制。患者一般具有不安全感，很少有性攻击行为。通过对淫秽及裸体画的欣赏并获得性的满足不属于窥阴癖。

窥阴癖病因尚不明确。可能是随性生理心理成熟，对异性躯体或生殖器官好奇，产生窥视行为，一旦与性体验建立条件反射，再加上个性缺陷发展而成。少年期不良家庭环境及色情文化影响，也是重要原因。

性心理障碍的矫治，通常需要消除患者的疑虑，帮助患者寻找原因，使其正视问题，树立治愈的信心，进而引导患者建立正常的性爱关系，如提供社交和集体活动条件，培养人际交往能力等。心理治疗可采取放松疗法，解除紧张情绪，采取系统脱敏疗法减少异性交往中的恐惧和痛苦，采用厌恶疗法缓解和消除异常行为，同时辅以实际训练，塑造正常性行为。

第五节　药物依赖

药物依赖属于精神活性物质所致的精神障碍。后者指包括来自体外的并且可以显著影响精神活动的各种物质所致的精神障碍。按其病因可包括酒精类、鸦片类、大麻类、镇静催眠剂、可卡因、兴奋剂、挥发性溶剂、烟草等所致的精神障碍。

长期反复使用上述精神活性物质后出现的精神或躯体症状称为药物依赖或慢性中毒。药物依赖指一种强烈地渴求并反复使用药物以取得快感或避免不快感为特点的精神和躯体病理状态。药物依赖可分为躯体依赖和精神或心理依赖。躯体依赖指反复使用使中枢神经系统发生某种生理生化变化的药物，以致需要其持续地存在于体内，以免发生特殊的称为戒断综合征的现象。戒断综合征指某种药物已形成了躯体依赖，如果试图停止或减少使用，就会发生一定的精神和躯体反应，轻者感到全身难受和不适，重者可危及生命。精神或心理依赖指对药物的强烈渴求，以致不择手段地设法获取。个体虽然认识到药物危害，但无法停止使用。长期反复使用某种药物后，其药效逐渐降低，如果要取得与使用初期的同等效力，必须增加剂量，即产生耐药性。严重的躯体和精神依赖，促使患者重复用药，耐药性又使服用剂量增高，加重了依赖，如此恶性循环是药物依赖的规律性发展过程。

药物依赖可由多种原因引起。个体人际交往和角色认知不良，不能正确对待挫折，回避困难和烦恼常成为直接诱因。此外，遗传素质、性格特征和特定的精神状态也有一定影响。大学生药物依赖往往是从烟、酒、大麻类开始。有些人开始只是好奇、无聊或受周围人及环境的影响，进行尝试性的享用，但很多人因此形成习惯，并逐渐转向其他药物。其中缺乏自尊自爱、责任感和远大抱负的人以及不能从正常生活中找到乐趣的人，更容易受到药物的引诱。

一、鸦片类依赖

鸦片类物质包括鸦片，由鸦片中提取的生物碱吗啡，吗啡的衍生物海洛因（二乙酰吗啡），以及具有吗啡样作用的人工化合物可待因、度冷丁、美沙酮等，这些物质都具有与吗啡类似的药理作用，都能形成吗啡类或鸦片类依赖。

天然鸦片是植物罂粟未成熟的蒴果浆汁的干燥物，内含 20 余种生物碱，主要成分是吗啡及可待因。初次尝试鸦片类物质，常恶心呕吐，头昏，全身乏力，不能集中注意力，视物不清，焦虑，思睡。随继续用药难受感消退，快感逐渐显著，自觉精神振作，感觉良好，办事有效率。但美好的状态并不持久，很快就会对药物产生耐药性和依赖性，以至于每天需要多次用药，以避免戒断反应。这时，寻求快感则降到次要地位。大量服用鸦片类物质可导致急性中毒，临床上出现明显的适应不良行为，持久性精神和躯体功能障碍，以及人格改变。鸦片的戒断症状在停药 5 ~6 小时就会出现，常伴有植物神经功能紊乱，心境恶劣，狂躁攻击或抑郁。由于依赖的结果，多数人经济窘困，以至于不择手段地获取，诱发毒品犯罪和自杀。鸦片依赖常见的并发症有营养不良、便秘和感染性疾病。共用不洁静脉注射器可并发肝炎、梅毒、痢疾、破伤风等，最为严重的是感染艾滋病或因中毒而死亡。

对鸦片依赖患者通常严格按精神病院制度住院治疗，彻底杜绝药物来源。治疗中常采用药物治疗与心理治疗相结合的方法。心理治疗应针对患者不同症状和程度，综合应用行为疗法、家庭治疗以及集体治疗方法。此外可通过改善环境，促进其职业和社会康复。

二、酒精依赖

酒精依赖指由于饮酒所致的对酒强烈渴求的一种状态。患者连续或周期性饮酒，以体验酒的心理效应，有时也为了避免不饮酒所致的不适感。

酒精及其制品的消费与民族、文化、社会风俗有关，个体的生理心理特点、生活方式也是重要因素。酒精依赖者一般具有人格被动、依赖、自我中心、易生闷气、缺乏自尊、孤独等特点，现实矛盾与冲突常成为饮酒的起因。

酒精及其饮料不仅是享乐品，也是具有安定作用的精神药物。少量饮用，可以缓解紧张情绪、减轻焦虑，克服某些睡眠障碍。酒精又是一种亲神经物质和中枢神经麻醉剂，大量长期饮用，可出现功能性损害症状，自控能力明显受损，有可能造成广泛严重的中枢神经系统损害，甚至死亡。酒精依赖者常见的躯体疾病有肝硬化、胃炎、胃溃疡、肾硬化、心肌炎及急慢性胆囊炎，但常以肝脏和消化道疾患为主。酒类中含有的微量甲醇有剧毒，并能在体内蓄积，造成失明或死亡，某些劣质酒中可能含有的黄曲霉素是强烈的致癌物质。酒精滥用还常导致行为失常，危及自身和社会安全，妨碍正常的学习和生活。

对酒精依赖者以心理治疗为主。可采用控制酒源，一次性或递减戒断，辅以支持疗法，及时补充营养，维持体内平衡。行为治疗中厌恶疗法较为有效，此外可辅以支持性心理治疗，放松疗法和自信心训练。

三、烟草依赖

烟草是酒精之外最普遍的嗜好品。烟草中所含的尼古丁是导致精神依赖的活性物质。烟草依赖的主要精神症状为戒断综合征。

纸烟烟雾中含有 80 余种有毒物质，如一氧化碳、胺类、酚类、多环芳烃类、农药及重金属元素等，其中的 3－4－a 苯并芘、亚硝胺等是公认的强致癌物质，具有明显损害健康的作用。尼古丁本身具有兴奋和抗焦虑作用，少量吸入有轻松舒适感，对健康损害不大，也不直接致癌，但是它可以使气管内膜细胞受损，导致感染。尼古丁极易形成依赖，成瘾后不达到一定水平就会出现戒断症状。精神依赖和致癌有毒物质的结合，使烟草消费具有极大的危害性。这也是人们明知吸烟有害而又难以戒绝的基本原因。

男性导游员和女性导游员中均有一定比率的吸烟者。他(她)们明知吸烟有害健康，却依然保持吸烟的习惯。究其原因，或是把吸烟作为人际交往的工具，或是作为提高效率、稳定情绪、平衡心理冲突的手段，甚至作为经济优越和潇洒风度的象征，殊不知烟草中的尼古丁也是一种精神药物，对植物神经和物质代谢有多种影响。尼古丁固然具有协调情绪和镇定作用，能用来对抗焦虑和紧张，但如果停止或减少用量，就有可能出现心境恶劣和忧郁、失眠、易激惹、沮丧、发怒、焦虑、注意力难以集中、坐立不安、心率减缓、食欲增加或体重增加，并因此而产生明显的烦恼痛苦，造成职业和社交等方面的功能缺损。约有 2/3 的吸烟者伴有因吸烟而引起的咳嗽、头痛、胃部不适，长期大量吸烟极易诱发肺癌、气管癌、冠心病及其他血管性疾病，以及生育能力降低、新生儿死亡率增高。吸烟不仅对自身健康带来危害,还给周围人造成被动吸烟的危害以及环境污染。因此,应当看到,吸烟终究是一种自我戕害的不良行为,未染上烟瘾者切不可盲目尝试,有烟瘾者则应及早作出明智的选择,坚决戒断,回归健康的生活方式。

烟草依赖应以预防为主,从儿童和青少年开始。少数人可自行戒除,多数人需进行戒除治疗。借助于缓和剂或安慰剂的尼古丁替代治疗如尼古丁瑞林(含少量尼古丁的口香糖)等效果较好。心理治疗可采用自我控制性行为治疗,通过意志努力,厌恶想象,回避情境,自我暗示,转移注意,延迟满足及全身放松等方法克服烟瘾,消除吸烟欲望。但成功与否,最终取决于吸烟者本人的毅力。

本章小结

了解各种常见的心理障碍的基本含义、症状、引发因素和对应的基本防治方法,对于导游员维护自己的心身健康有积极的作用。要特别注意的是,判断一个人是否存在心理障碍,一定要到专业机构去请专家做诊断,不能轻易给自己或别人贴“标签”。

思考题

1. 什么是心理障碍?心理障碍的评判标准有哪些?

2. 心理障碍可以分为哪些类型?

3. 什么叫心理过程障碍?心理过程障碍的主要类型和基本特征分别是什么?

4. 什么是神经症?试述常见神经症的类型及其症状和矫治原则。

5. 什么是人格障碍?试述常见人格障碍的基本特征和矫治原则。

6. 什么是性心理障碍?试述常见性心理障碍的基本特征和矫治原则。

7. 什么是药物依赖?试述常见药物依赖的基本特征和矫治原则。

参考文献

1. 桑志芹,李绍珠. 大学生心理健康教程. 南京:江苏人民出版社,1999.

2. 杜文东. 大学生心理健康导论. 南京:江苏人民出版社,1999.

3. 马建青. 大学生心理卫生(第二版). 杭州:浙江大学出版社,2003.

4. 樊富珉. 团体心理咨询. 北京:高等教育出版社,2005.

5. 钟锐. 培训游戏金典. 北京:机械工业出版社,2007.

6. 白羽. 改变心力——团体心理训练与潜能激发. 杭州:浙江文艺出版社,2006.

7. 张梅. 心理训练. 武汉:华中理工大学出版社,1999.

8. 郭霖. 大学生心理素质拓展. 武汉:湖北科学技术出版社,2006.

9. 张金学,井婷. 大学生成功心理训练,北京:科学出版社,2010.

10. [美]斯宾斯·约翰逊,王岩译. 珍贵的礼物. 延吉:延边人民出版社,2002.

11. 雅琴. 小故事大智慧. 北京:海潮出版社,2006.

12. 李开复. 做最好的自己,北京:人民出版社,2005.

13. 关雪峰,郭蓉辉. 角色决定命运. 北京:地震出版社,2007.

14. 王以仁,陈传芳,林本乔. 教师心理卫生. 北京:中国轻工业出版社,1999.

15. 沈之菲. 生涯心理辅导. 上海:上海教育出版社,2000.

16. 孙喜林. 旅游心理学. 大连:东北财经大学出版社,2004.

17. 李昕,李晴. 旅游心理学基础. 北京:清华大学出版社,2006.

18. 甘朝有. 旅游心理学. 天津:南开大学出版社,2001.

19. 王明波. 导游心理学. 北京:中国旅游出版社,1996.

20. 李娌,王哲. 导游服务案例精选解析. 北京:旅游教育出版社,2007.

策　　划：丁海秀　李荣强

责任编辑：李荣强

图书在版编目(CIP)数据

导游员心理保健指导手册/温卫宁主编. —北京：旅游教育出版社，2012.6
(2012.11)

ISBN 978 - 7 - 5637 - 2394 - 2

Ⅰ.①导…　Ⅱ.①温…　Ⅲ.①导游 - 心理保健 - 中国 - 手册
Ⅳ.①F592.6 - 62

中国版本图书馆 CIP 数据核字(2012)第 067272 号

导游员心理保健指导手册

温卫宁　主　编

黄　进　副主编

出版单位	旅游教育出版社
地　　址	北京市朝阳区定福庄南里 1 号
邮　　编	100024
发行电话	(010)65778403 65728372 65767462(传真)
本社网址	www.tepcb.com
E - mail	tepfx@163.com
印刷单位	北京中科印刷有限公司
经销单位	新华书店
开　　本	787×960　1/16
印　　张	13.75
字　　数	189 千字
版　　次	2012 年 6 月第 1 版
印　　次	2012 年 11 月第 2 次印刷
定　　价	30.00 元

(图书如有装订差错请与发行部联系)